Freiheit Durch Passives Einkommen

Oliver Lorenz

Inhalt

Vorwort

Unsere Gesellschaft unterscheidet sich in Have's und Havenot's. Auf der einen Seite stehen Menschen, die den ganzen Tag schuften, um unter anderem ihr auf Pump gekauftes Haus abzubezahlen und um sich am Ende des Monats gerade noch so in den schwarzen Zahlen ihres Bankguthabens halten zu können. Auf der anderen Seite sind die Have's. Sie sind die 1% der Bevölkerung, die es geschafft haben, finanzielle Unabhängigkeit zu erreichen. Nur, wie haben es die wenigen 1% dorthin geschafft, wo sie jetzt sind?

Für finanzielle Freiheit gibt es kein Geheimrezept. Allerdings gibt es gewisse Grundeinstellungen, für welche Du Dich in Deinem Leben entscheiden kannst. Durch die daraus resultierenden Verhaltensweisen kannst Du die Wahrscheinlichkeit, in Zukunft zu den Have's zu gehören, erhöhen. Es gibt jedoch einen Punkt, der in den nächsten Jahren mehr als jeder andere Finanzirrtum über Deinen wirtschaftlichen Erfolg entscheiden wird. Das Stichwort lautet: Digital Literacy. In Zukunft werden Menschen entweder zur Gruppe Digital Literates oder zur Gruppe der Digital Illiterates gehören. Gehörst Du zu der Gruppe der Digital Literates, steigt die Wahrscheinlichkeit, in Zukunft zu den Have's zu gehören, enorm an. Nur, was heißt jetzt dieses Digital Literates genau? Digital Literates sind diejenigen, die das Know-How haben, die enormen Chancen der New Economy zu nutzen. Ich bin mit meiner bisherigen Karriere mehr als zufrieden. Doch es gibt eine einzige Sache, die ich anders gemacht hätte: Ich hätte die großen Potenziale von Social Media, Apps und Onlinepräsenz (kurz: der New Economy) gerne schon viel früher genutzt.

Oliver Lorenz zeigt Dir in diesem Buch eine der vielen Möglichkeiten, mit denen Du Dir im Internet ein passives Einkommen aufbauen kannst. Er wird Dir helfen, einige Aspekte der Digital Literates zu verstehen und - ganz wichtig - auch anzuwenden. Dir wird Schritt für Schritt beigebracht, wie Du Dir ohne Programmierkenntnisse mit simplen Blogsystemen ein passives Einkommen aufbauen kannst. Wenn Du Fleiß und Ausdauer beweist, kannst Du im Bereich Online Marketing einiges erreichen! Ich wünsche Dir viel Erfolg dabei!

Alles Gute

Gerald Hörhan
www.investmentpunk.academy

Freiheit Durch Passives Einkommen

Einleitung

Eigene Wohnung, Besitztümer, Geld …

Viele unserer persönlichen Güter können wir verlieren, aber zum Glück auch wieder erwerben. Die wertvollsten Dinge im Leben sind allerdings die, die wir nicht kaufen können. Das Wichtigste:

Unsere Lebenszeit.

Sie ist das wertvollste Gut, das wir haben. Jede Sekunde, die vergeht, ist für uns unausweichlich verloren. Doch wir können JETZT und zu jedem anderen Zeitpunkt entscheiden, ob wir unsere Zeit effektiv nutzen oder für belanglose Dinge verschwenden. Wir können Zeit als guten Freund oder Feind betrachten – die Entscheidung liegt bei uns.

An dieser Stelle möchte ich Dir eine Frage stellen:

Wie würdest Du Dich fühlen, wenn Du nicht tagtäglich für Deinen Lebensunterhalt in die Arbeit fahren müsstest? Wenn Du frei darüber entscheiden könntest, wo Du arbeitest, wie Du Deine Zeit einteilst und mit was Du Dir Dein Geld verdienen möchtest?

Lass Deinen Traum vom eigenen Online Business Realität werden! Einkommen passiv zu generieren ist keine Hexerei und für jeden umsetzbar, der bereit ist, dafür hart zu arbeiten.

Ja, auch für Dich!

Nun ist es eher so, dass nur die allerwenigsten von uns einen erfolgreichen Coach zur Seite haben, der uns Tricks und Kniffe beim Aufbau unseres Businesses lehrt. Deshalb greifen wir anfangs in der Regel auf Fachbücher zurück.

Ich habe schon dutzende Businessbücher gelesen. Nur eine Hand voll konnte ich aber wirklich in die Praxis umsetzen. Diese wenigen Bücher waren für mich ein wichtiger Meilenstein in meiner persönlichen Entwicklung. Alle anderen waren nett, praktisch aber kaum anwendbar.

Wenn Du ähnlich wie ich denkst, dann bist Du auch wählerisch und möchtest keine sinnlosen Stunden für unanwendbare Theorie vergeuden. Daher habe ich mir mit diesem Buch zum Ziel gesetzt, Dir das geballte Wissen der besten Bücher zu vermitteln, die ich zum Thema passives Einkommen gelesen habe. Dadurch sparst Du Dir die Zeit, Dich selbst durch unzählige Bücher durcharbeiten zu müssen. Ich habe die Erfahrung gemacht, dass nur eine einzelne Idee aus einem Buch schon einen massiven Effekt auf mein Leben haben kann.

Wichtig ist nur, diese Idee auch praktisch umzusetzen.

Denn: Wissen allein ist keine Macht. Angewandtes Wissen ist Macht. Was bringt es, wenn jemand ein Mittel gegen Krebs gefunden hat und dieses nicht mit der Welt teilt? Nichts.

Mit diesem Buch zeige ich Dir, wie Du die einzelnen Schritte zu Deinem Online-Business richtig umsetzt. Erfülle Dir Deinen Traum von finanzieller Freiheit und lerne Deine Lebenszeit wieder zu schätzen!

Voraussetzung für Deinen Erfolg

Achtung: Die Schritt-für-Schritt-Anleitung in diesem Buch funktioniert, ABER wie bei jedem anderen Businessaufbau stecken eine Menge **Arbeit und Zeit** dahinter. Wenn Du zu den Leuten gehörst, die über Nacht im Internet reich werden möchten, dann bist Du gerade mit diesem Buch in eine Sackgasse gefahren.

Wenn dies wirklich der Fall ist, dann bitte ich Dich, dieses Buch einfach zurückzugeben und Dein Geld zurückzuverlangen.

Um genau zu sein, bin ich der felsenfesten Überzeugung, dass nur Ausdauer, Umsetzungsvermögen und Verkaufsgeschick der Schlüssel zu einem langanhaltenden und erfolgreichen Online Business sind.

Und nein, Verkaufsgeschick ist kein angeborenes Talent, sondern kann von jedem erlernt werden! Wenn Du also keine Angst vor einer Herausforderung hast, dann kannst Du von den unanfechtbaren Vorzügen des Internets Gebrauch machen.

Vor- und Nachteile eines Online Businesses

VORTEILE

1. Einmaliger Aufwand, mehrfache Entlohnung

Einer meiner Lieblingsvorteile ist eindeutig der Faktor des einmaligen Aufwandes und der mehrfachen Entlohnung. Dies ist ein grundlegendes Konzept von passivem Einkommen. Während viele Jobs nach dem 1:1 Modell arbeiten (Tausch von Zeit gegen Geld in äquivalentem Verhältnis, vor allem im Dienstleistungssektor), kannst Du im Online-Business nach dem 1:n Modell arbeiten. Das bedeutet, dass Du ein Produkt erstellst, aber dieses beliebig oft verkaufen kannst. Du baust Dir beispielsweise eine Nischenseite über ein spezifisches Amazon-Produkt auf und automatisierst den Verkaufsprozess zu 100%.

Ja, wirklich hundert Prozent.

Somit kannst Du Dich und Deine Arbeit vervielfachen. Oder anders ausgedrückt: Besucher können verschiedenste Artikel und Beiträge auf Deiner Seite lesen, ohne dass Du präsent sein musst. Insofern bietest Du Produktleistungen für hunderte oder tausende Menschen an, hast aber effektiv nur einmalig Zeit in Dein Projekt investiert.

Versetze Dich kurz in die Haut eines kleinen Einzel-
handelsgeschäftsbetreibers. Dieser kann immer nur
einen Kunden nach dem anderen bedienen. Wenn
er mehrere Kunden zur selben Zeit bedienen möchte, dann muss er entweder Angestellte einstellen
oder Technik einsetzen. In unserem Fall bedienen
wir uns der Technik. Wir haben den großen Vorteil,
immer mehr und mehr Inhalte zu veröffentlichen
und somit auch immer mehr und mehr zu verdienen.

2. Arbeite, wo Du willst

Ein weiterer meiner Lieblingsvorteile ist, dass Du
völlig ortsunabhängig arbeiten kannst. Ich befinde
mich beispielsweise beim Schreiben dieser Zeile auf
den Philippinen in einer Hängematte (ja, mehr Kli-
schee geht nicht, aber ja, ich erfülle es in diesem
Fall absolut gerne ☺). Das einzige, was Du grundsätzlich für Deine Arbeit benötigst, sind ein Laptop
und ein Internetzugang. Das war's.

3. Weniger Buchhaltung für digitale Produkte

Bei der Vermarktung von Online-Produkten musst
Du Dich nicht mit Rechnungsstellung, Versand oder
Kundenservice herumschlagen, weil Du nur die Position des Vermittlers einnimmst. Wie funktioniert
das?

Beim Affiliate-Marketing finden Besucher durch Suchmaschinen wie Google auf Deine Seite und informieren sich über dargebotene Artikel. Danach leitest Du diese zu beispielsweise Amazon weiter und bekommst bei jedem Produktkauf eine Provision. Genial, oder?

NACHTEILE

1. Lange Anlaufzeiten

Bei den meisten Online-Geschäftsmodellen kann es mehrere Monate dauern, bis das passive Einkommen in vollem Ausmaße fließt. Diese Anlaufphase kann vor allem Anfängern Sorgen bereiten, da diese beim erstmaligen Aufbau noch unsicher darüber sind, ob sie alles richtig gemacht haben. Einer der Hauptgründe für die relativ langen Anlaufzeiten ist das Suchmaschinenranking der eigenen Seite. Da Besucher diese in der Regel über Suchmaschinen wie Google finden, muss sie entsprechend gut platziert sein – was natürlich nicht über Nacht passiert.

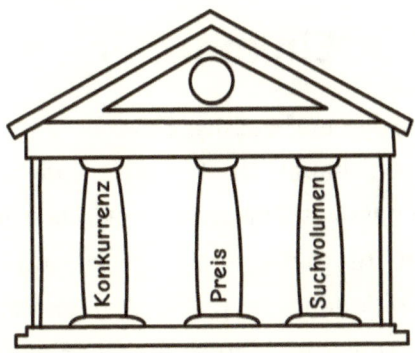

Dieser Vorgang nennt sich Suchmaschinenoptimierung und wird am Ende der zweiten Sektion dieses Buchs sehr ausführlich behandelt, sodass Du Dir keine Sorgen um Deinen automatisierten Besucherzustrom machen musst.

Wie bei allem im Leben lassen sich natürlich auch hier Fehler und Sackgassen am Anfang nicht vermeiden. Nur so findet man allerdings wirklich heraus, was beim persönlichen passiven Einkommensaufbau wirklich funktioniert.

Ausdauer, Lernbereitschaft und Fleiß sind für jeden - ob Anfänger oder Profi – unausweichliche Eigenschaften.

Definition passives Einkommen

Um langfristige und passive Einkommensströme im Internet aufzubauen, sollten wir zunächst verstehen, was passives Einkommen *wirklich* bedeutet. Unter den Internet-Unternehmern sind verschiedene Definitionen von passivem Einkommen vertreten. Für mich bedeutet passives Einkommen in der Online-Branche folgendes:

*Ein System im Internet zu schaffen, welches durch automatisierte Technologie Transaktionen, Geldeinnahmen und Wachstum erlaubt, **ohne** dass Du selbst nach dem Aufbau des Systems zeitlich präsent bist.*

Strukturierung des Buchs

Wenn Du möglichst **effektiv und schnell** mit diesem Buch arbeiten möchtest, solltest Du Dir diesen Abschnitt nicht entgehen lassen. Hier erkläre ich Dir, wie das Buch strukturiert ist, damit Du genau das findest, was Du gerade suchst.

Das Buch ist in sechs Sektionen unterteilt. Der erste Teil befasst sich mit meiner Hintergrundgeschichte. Diese bringt Dir näher, wie ich damals mit passivem

Einkommen in Kontakt getreten bin. Indem ich die Höhen und Tiefen meines bisherigen Wegs mit Dir teile, wirst Du vor allem folgende drei Punkte aufgreifen können:

Erstens wirst Du hinter die Kulissen meiner Anfänge blicken können.

Zweitens wirst Du erkennen, welche Möglichkeiten das Internet Dir zukünftig bieten kann.

Drittens, und wahrscheinlich auch am Wichtigsten, wirst Du Tipps im Umgang mit schwierigen Zeiten erhalten – denn glaub mir, diese werden kommen.

Die Sektionen 2-6 befassen sich mit der kompletten Schritt-für-Schritt-Anleitung, wie Du ein profitables Produkt zum Bewerben findest und wie Du Deinen ersten Blog in weniger als zehn Minuten Zeitaufwand erstellst. Außerdem erfährst Du, wie Du hilfreiche Inhalte mit meiner Recherche-Methode effektiv herausfilterst und schreibst. Zu guter Letzt findest Du heraus, wie Du Deine Artikel suchmaschinenoptimierst und im Google Ranking bestenfalls auf Platz 1 für Deine jeweiligen Suchbegriffe gelangst. Damit leitest Du viele kaufwillige Besucher kostenlos über Deine Seite zu Amazon (oder einem anderen Affiliate-Partner) weiter.

Des Weiteren stelle ich Dir meinen Videokurs vor, welcher die Inhalte des Buchs nochmal in Schritt-für-Schritt Videoform aufzeigt.

Achtung: Meine Hintergrundgeschichte ist NICHT zwingend für das Verständnis der weiteren Sektionen, sodass Du selbst entscheiden kannst, ob Du lieber gleich mit Sektion 2 beginnst oder nicht. Du kannst natürlich im Nachhinein immer noch zurückkommen, wenn Dich mein Werdegang interessiert.

Egal, wo Du beginnst, dieses Buch ist **interaktiv gestaltet** und muss nicht stur von vorne nach hinten gelesen werden. Das Internet ist eine sehr schnelllebige und wechselnde Umgebung.

Damit die Inhalte dieses Buchs auf dem aktuellen Stand bleiben, werde ich Dir immer wieder ein paar Links zu Blogartikeln und kostenlosen Videos beifügen. Dieses Zusatzmaterial ist **fester Bestandteil** des Buchs.

Es beinhaltet Anleitungen, die Du Klick für Klick durcharbeiten kannst. Durch eine Vielzahl von Bildern zeige ich Dir genau, worauf Du achten solltest. Mit diesem Buch lernst Du die Theorie. Die Praxisanwendung befindet sich in der zehnteiligen Blogartikelserie auf meiner Webseite:

www.projektpassiveseinkommen.com

(Bitte verbreite die geteilten Links nicht mit anderen. *Diese sind nur exklusiv für Leser dieses Buchs ausgelegt*).

An dieser Stelle möchte ich noch eine sehr wichtige Sache erwähnen: Die Schritt-für-Schritt-Anleitung in diesem Buch ist absolut vollkommen. Ich halte nichts zurück. Wie man im Poker so schön sagt: „*All in*". Alles steht für Dich bereit und Du kannst es hier und jetzt schrittweise umsetzen. Am Ende erkläre ich auch, weshalb ich meine komplette „persönliche Rezeptur" einfach so herausgebe.

Unter den Unternehmern unterscheidet man zwei verschiedene Typen:

1. Wantrepreneurs: Sie lesen viel und sprechen viel über das, was sie gelesen haben - handeln aber nicht.
2. Entrepeneurs: Sie lesen viel und setzen das, was sie gelernt haben, in die Tat um.

Welcher Typ bist Du?

Denk dran: Nicht Wissen ist Macht, sondern angewandtes Wissen!

Also, lass uns beginnen! ☺

Oliver Lorenz

SEKTION 1: MEINE GESCHICHTE

Studienabbruch

Ich sitze in etwa auf der mittleren Ebene im Hörsaal. Um mich herum hören die Studenten mehr oder weniger aufmerksam zu. Die Stimme des Professors wird immer leiser, während meine Gedanken mehr und mehr abschweifen und ich meiner inneren Stimme zuhöre.

„Was mache ich eigentlich hier? Ich sitze in einem Raum und höre mir etwas an, für das ich keine Leidenschaft empfinde. Tag für Tag. Woche für Woche. Sind die anderen alle zufrieden mit ihrer Situation? Ich höre zwar öfters andere klagen, aber niemand unternimmt etwas."

Der alleinige Gedanke tat mir weh, dass ich immer mehr und mehr den konventionellen Weg einschlage. Schule, Ausbildung oder Studium, Arbeiten, bis ich Mitte sechzig bin. Wie oft kommt es vor, dass wir jemanden treffen, der wirklich zufrieden mit seiner Berufung ist und sich selbst darin verwirklicht? Wie oft?

Es scheint schon fast ein utopischer Traum, sich solch einen Lebensstil zu wünschen und diesem nachzueifern. Sogar das alleinige Aussprechen seines Traums vor anderen wird schnell belächelt, weil niemand so wirklich daran glaubt.

„Hey, ich will im Internet mein Geld verdienen, von überall aus der Welt arbeiten und mir damit einen wunderbaren Lifestyle aufbauen." Na klar, viel Spaß dabei.

ES REICHT! Ich habe Angst, ich weiß nicht, wo ich anfangen soll, ich weiß nicht, was passieren wird. Aber ich kann mich einfach nicht damit anfreunden, den 50-jährigen Oli vor meinem inneren Auge zu sehen, der sich täglich beklagt, damals mit 22 nicht dem Ruf seines Herzens gefolgt zu sein.

Ich bin jung, ich darf Fehler machen, ich habe nahezu keine Verpflichtungen. Also los jetzt! Was habe ich schon zu verlieren?

Als ich das Buch „Die vier Stunden Woche" von Tim Ferriss gelesen habe, half mir ein darin aufgeführter Test enorm, Mut zu fassen. Stelle Dir eine Risiko-Skala von 0-10 vor. 0 bedeutet, dass Du elendig auf der Straße dahinvegetierst und traurig endest. Die 10 steht für ein absolut erfülltes und traumhaftes Leben, ohne jegliche finanziellen, gesundheitlichen oder sonstigen Einschränkungen. Wie riskant ist es für Dich, dem Ruf Deiner inneren Stimme zu folgen und ein Abenteuer einzugehen?

Bedenke: Du wohnst wahrscheinlich in Deutschland. Einem Sozialstaat, in welchem es nahezu unmöglich ist, auf der Straße zu landen und ohne Unterstützung zu verkümmern. Möglicherweise hast Du Familie oder Freunde, die Dir sogar bei einem Totalverlust Deiner Sachwerte in Not Zuflucht bieten würden.

Falls Du angestellt bist, kannst Du zunächst auch nebenher starten und dann bei Erfolg hauptberuflich umsteigen. Du kannst eine Arbeitslosenversicherung oder andere Absicherungen in Betracht ziehen, um Dich besser zu fühlen. Jetzt sieht das Risiko gar nicht mehr so riskant aus, stimmt's?

Damals habe ich auf meiner Risiko-Skala eine 7 angegeben, was der 10 doch recht nahe kommt. Rein rational betrachtet wäre es also nahezu lächerlich, dieses Minimalrisiko nicht anzugehen.

Oftmals ist der paralysierende Gedanke des Risikos eine reine Illusion. Hast Du auch schon mal die Erfahrung durchlebt, dass Riskantes im Nachhinein eigentlich ganz unspektakulär war?

Wenn ich beispielsweise eine größere Reise antrete und mich ins Ungewisse stürze, merke ich nach dieser Erfahrung immer wieder, dass alles viel einfacher verlief, als erwartet. Ich konnte außerdem aus vielen Biografien und Videos im Internet herausfiltern, dass die meisten unternehmerisch denkenden Menschen anfangs Risiken eingehen MÜSSEN und sich bewusst ins Ungewisse stürzen.

Elliott Hulse, ein sehr erfolgreicher YouTuber, hat es in einem seiner Videos (*Call to Adventure*) wunderbar beschrieben. Die meisten Menschen stehen ihr ganzes Leben lang mit einem Fallschirm am Rande einer Klippe und schauen verängstigt nach unten. Im Laufe der Jahre werden ihnen dann immer mehr und mehr Ketten angelegt, welche metaphorisch für die ganzen Verbindlichkeiten und Verpflichtungen im Leben stehen.

Sei es Dein Angestelltenverhältnis, Dein Chef, Kinder und Familie, Hypotheken einer Wohnung und, und, und. Ich bin der Überzeugung, dass jeder Mensch diesen inneren Ruf in sich trägt. Manche verdrängen diesen jedoch und im Laufe der Jahre wird die Stimme immer leiser.

Hin und wieder gibt es jedoch Menschen, die ihrem inneren Ruf folgen. Sei es aus Verzweiflung oder Mut. Ihre geistige Stimme flüstert ihnen zu: „Mein

Herz sagt mir, dass ich springen soll. Von hier oben sieht der Fall tief und gefährlich aus und ich habe keine Ahnung, was auf mich zukommt".

Sie schließen ihre Augen und lassen sich ins Ungewisse fallen. Während des freien Falls werden sie alles Erdenkliche unternehmen, um nicht unten auf dem Boden aufzuschlagen. Es gibt kein Zurück, und wenn es keinen anderen Weg gibt, dann unternehmen Menschen alles, was in ihrer Macht steht, um zu überleben.

Das ist ein Instinkt, welchen Du Dir bewusst zu Nutze machen kannst.

Im Englischen gibt es dafür einen Ausdruck: "To burn bridges". Du verbrennst alle Brücken, welche Dir einen Weg zurück bieten könnten.

Natürlich müssen wir auch etwas realistisch bleiben. Jeder von uns hat Rechnungen zu zahlen und Verpflichtungen nachzugehen. Es ist oftmals nicht möglich, von heute auf morgen eine komplette 180°-Wendung hinzulegen.

ABER!

Ich sehe sehr viele Menschen (auch im Umfeld meiner Eltern), die sich einen Beruf ausgesucht haben, welcher "okay" ist. Das Paradoxe hierbei ist, dass genau diese Situation extrem gefährlich ist.

Warum?

Ganz einfach. Wenn Dein Job "okay" ist, dann geht es Dir an sich nicht schlecht. Menschen versuchen grundsätzlich den Weg des geringsten Widerstands zu gehen. Somit bleiben sie ein Leben lang auf dem Level "okay" stecken.

Unsere größten Motivationsfaktoren sind Schmerz und Angst. Für welchen Weg würdest Du Dich entscheiden: eine Million Euro selbst verdienen können oder mich davon abhalten, Dir eine Million Euro abzunehmen? Die Angst vor dem Verlust des eigenen Geldes lässt Menschen in den allermeisten Fällen schneller handeln als die Freude, zusätzliches Geld zu verdienen. Anders formuliert:

Die wenigsten sind bereit, ihre Sicherheit auch nur ein Stück weit aufzugeben, aus Angst, dass sie etwas verlieren könnten.

Daher bleiben die meisten Leute im Mittelmaß stecken, da alles einfach "okay" ist. Es ist nicht schlecht, aber auch nicht überragend. Vielleicht ist es an der Zeit, sich höhere Ziele zu setzen und diese zu verfolgen. Schritt für Schritt in kleinen Etappenzielen.

Noch nie zuvor war es so sicher und bequem, ein kleines Business zu starten. Mit meinem Blogsystem hast Du lediglich monatliche Fixkosten von fünf Euro für den Server Deiner Blogs. Das ist wirklich lächerlich, wenn Du dies mit einer Neugründung eines Kleinunternehmens vergleichst. Natürlich steckt auch hierbei viel Arbeit und Zeitaufwand dahinter, aber es gibt KEINE Ausreden mehr.

Es ist letzten Endes wie ein Spiel. Du musst es der Welt erst mal selbst beweisen, dass Du es ernst mit Deinem Traum vom besseren Leben meinst. Natürlich gibt es anfangs viele Selbstzweifel, allerdings sollten diese niemals eine Ausrede sein, den Fallschirmsprung nicht zu wagen. Du wirst immer der erste sein müssen, der an seinen eigenen Traum glaubt, bevor es andere tun.

Zurück zur Geschichte ...

Ich halte einen weißen Zettel in den Händen und übergebe diesen einer Sekretärin. Sie sieht mich verwundert an, als ich bei der Übergabe ein erleichtertes Lächeln auf dem Gesicht habe. Ich gehe aus dem Gebäude heraus und besitze nichts mehr.

NICHTS.

Endlich ist der Tag der Exmatrikulation gekommen. Ich bin frei und kann meinen Weg gehen! Dieser Schritt erscheint mittlerweile soooo einfach. Vor ein paar Wochen sah das jedoch ganz anders aus:

Eines Abends saß ich weinend im Auto auf einem Parkplatz. Ein enormer Druck lastete auf meinen Schultern. Zum einen wusste ich, dass ich meine Eltern und Familie mit dieser Entscheidung enttäuschen würde. Sie waren so stolz, als ich das Studium begonnen hatte, weil sie darin eine große Zukunft für mich sahen. Ich nicht. Zum anderen hatte ich keinerlei handfeste Beweise, dass mein Weg in die Selbstständigkeit (ohne jegliche Vorerfahrung) funktionieren würde. Gleichzeitig überkam mich ein gewisses Schamgefühl bei der Vorstellung, erklären zu müssen, wieso ich mein Studium abbrach und was ich denn jetzt bitte vorhätte.

Sagen wir es mal so: Meine Familie ist über Generationen hinweg einen konventionellen Weg im Angestelltenverhältnis gegangen und sah darin auch die größte Sicherheit. Während dieser Zeit war der Aufenthalt bei meinen Eltern für mich völlig unmöglich.

Tägliche Vorwürfe wegen des Studienabbruchs waren nicht gerade hilfreich. Ich konnte die Reaktion absolut nachvollziehen. Es ist sicherlich kein Grund zur Freude, wenn der eigene Sohn das Studium abbricht und sich als Quereinsteiger im jungen Alter im Geschäftsleben durchboxen möchte – noch dazu ohne spezielle Vorkenntnisse.

Ich zog aus, um mich in ein halbwegs neutrales Umfeld zu begeben. Da ich gute fotografische und videografische Fähigkeiten besitze, begann ich mir damit mein täglich Brot zu verdienen. Es machte mir Spaß, obwohl vor allem der Einstieg in den ersten zwei Jahren steinig war. Wie finde ich zahlende Kunden? Wie finanziere ich die nächsten Monate? Wie verkaufe ich mich besser als die Konkurrenz? Fragen über Fragen, und es gab für mich keinen Weg zurück.

I burned all bridges.

Der alleinige Gedanke aufzugeben war schmerzhafter als meine derzeitigen Existenzängste. Bald fing ich immer mehr und mehr an, meine Freiheiten zu genießen, die mir die Selbstständigkeit bot. Ich hatte zufriedene und unzufriedene Kunden, und ich besaß zwar gerade mal genug Geld, um damit über die Runden zu kommen, aber ich war stolz auf mich.

Mein Selbstbewusstsein stieg mit jedem Auftrag. Ich lernte das erste Mal in meinem Leben weise und sinnvoll mit meinem Geld umzugehen.

Die Entdeckung

Themen wie langfristige Investments, Vermögensaufbau, Verkauf und Marketing fingen an, mich immer mehr zu fesseln. Ich wollte meine Fähigkeiten verbessern, damit ich ein besseres Leben habe. Es ist wie ein Computerspiel. Es geht von Level zu Level. Schritt für Schritt. Dieser ungewöhnliche Cocktail aus meinen Interessensfeldern und der Entscheidung zur Selbstständigkeit führte mich eines Tages zu einem YouTube Video von Stefan Pylarinos, ein kanadischer Internetmarketer und Buchautor. Er lehrt, wie Du auf Amazon Kindle Ebooks erstellst und vermarktest.

Da ich ein extrem freiheitsorientierter Mann bin, war der Gedanke eines ortsunabhängigen Online Businesses natürlich wie Weihnachten. Nach kurzem Zögern investierte ich 67 Dollar in seinen Online-Videokurs.

Ich bezweifelte zwar, ob diese ganzen verheißungsvollen Versprechen der Wahrheit entsprachen, aber es gab eine 30 Tage Geld-zurück-Garantie. Was hatte ich also zu verlieren?

WOW, bin ich heute glücklich, diese Entscheidung damals getroffen zu haben!

Auf den Schultern von Riesen stehen

Ich glaube, dass niemand leugnen kann sich schon einmal die Frage gestellt zu haben, ob es nicht einen Weg gebe, mit dem man schnell Reichtum aufbauen könne.

Ich bin niemand, der durch eigene Erfahrung eine authentische Lösung anbieten kann, da ich noch nicht finanziell frei bin. Allerdings gibt es mehrere Menschen (denen ich folge), die finanzielle Freiheit erlangt haben und dabei immer nach dem gleichen

Muster arbeiten. Wirklich bewusst ist mir das allerdings erst geworden, als ich mir ein Video von Russell Brunson angesehen habe (anderer empfehlenswerter Internetmarketer).

In diesem sprach er an, dass es zwar keinen kurz-
fristig schnellen Reichtum gäbe, dafür aber eine
Abkürzung. Diese Abkürzung nennt sich auch das
Prinzip des Modellierens.

Dieses Prinzip besagt, dass Du Deinen Fokus auf
Menschen richtest, die das erreicht haben, wonach
Du strebst. Finde heraus, wie sie ihr Business aufgebaut haben (oder wonach auch immer Du
strebst). Analysiere jeden einzelnen Schritt - JEDEN.
Baue alles gemäß ihrem Schema nach. Nicht Wort
für Wort kopieren!! Modellieren, also ähnlich aufbauen, ähnlich formulieren, ähnlich gestalten.

Erfolgreiche Menschen haben schon vieles getestet
und optimiert. Es macht also extrem Sinn, von ihrem Erfahrungsschatz zu profitieren. Wenn das System einmal läuft, dann hast Du einen stabilen Cashflow (passiver Geldfluss) und kannst danach immer
noch Deinen eigenen Stil herausarbeiten.

Wenn Du erst Deine Vorstellung durchziehst, dann
ist die Wahrscheinlichkeit immens hoch, dass Du
viele Fehlschläge einstecken musst, bevor Du Deine

Früchte ernten kannst. Sei also nicht der Vorreiter auf dem Schlachtfeld, sondern modelliere von den Großen, die schon dutzende Schlachten gekämpft haben und erfahren sind!

Ich persönlich schöpfe viel Inspiration von Giganten wie Frank Kern, Pat Flynn, Russell Brunson, Dan Kennedy, Eben Pagan, Alex Becker, Stefan Pylarinos, Tony Robbins, Jim Rohn und weiteren Persönlichkeiten.

Auffällig ist auch, dass JEDER einzelne dieser Erfolgsmenschen extrem wertvolle kostenlose Inhalte streut und preisgibt. Inhalte, für die andere viel Geld verlangen. Was passiert dadurch? Es entsteht Vertrauen, die Kompetenz steigt, die Bekanntheit erhöht sich und die Zahl der potenziellen Käufer vervielfacht sich. Genau dieses Prinzip machen wir uns zunutze. Wir geben hilfreiche, kostenlose Informationen auf unserem Blog, um bestimmte Probleme unserer Besucher zu lösen und sie im besten Fall irgendwann als Kunden zu gewinnen.

Erst geben, dann nehmen.

Hart für meinen Traum arbeiten

Ich verbarrikadierte mich wortwörtlich für ein Wochenende in meinem Zimmer und arbeitete den kompletten Kurs durch. Ich hatte bis jetzt nur kleine Ersparnisse und wollte es mir nicht leisten, tagelang zu experimentieren.

Nach eineinhalb Monaten und vielen langen Nächten habe ich 963,43 Euro investiert, um insgesamt acht Ebooks von anderen schreiben zu lassen und Buchcover zu designen. Zu diesem Zeitpunkt besaß ich knapp über eintausend Euro. Dieses Geld hätte mir ein Zeitfenster von zwei Monaten Sicherheit beschert, doch ich ging das Risiko ein. Ob diese damalige Entscheidung ein weiser Schachzug war oder nicht, sei dahingestellt.

Ich erwartete voller Vorfreude ein monatlich immer wiederkehrendes passives Einkommen. Etwa einen Monat später war es soweit. 438,12 Euro mit meinen Ebooks verdient. WOHU!

Verkaufszeitraum	Aufgelaufene Tantiemen	Steuereinbehaltung	Nettoeinnahmen	Source
Sep 01 - Sep 30 2014	EUR 350,87	EUR 0,00	EUR 350,87	Verkäufe
Sep 01 - Sep 30 2014	EUR 87,25	EUR 0,00	EUR 87,25	Verkäufe
Anpassungen			EUR 0,00	
Gesamtsummen			**EUR 438,12**	

Genial, nicht wahr? ☺ Ich habe es mir selbst bewiesen! Es ist also **doch** möglich, im Internet Geld zu verdienen!

Unerwartete Wendung

So sehr ich mich in dieser Zeit gefreut habe, so enttäuscht war ich nur einen Monat später. Denn auf einmal wurden meine Ebooks auf Amazon von negativen Rezensionen überflutet.

Rechtschreibfehler, Grammatikfehler, keine zufriedenstellenden Inhalte, aus Google zusammengestellte Informationen usw.

Meine Einnahmen? Im Keller! Der Traum vom passiven Einkommen war geplatzt. Warum? Ich hatte nur GELD, GELD, GELD im Sinn. Die Vermarktung, die ich von Stefans Videokurs gelernt habe, war extrem viel besser als meine Inhalte.

Geld verdienen ist eine geistige Wissenschaft für sich. Wenn Du Dir beispielsweise wünschst, einen Autoführerschein zu besitzen, werden Dir wesentlich öfter Fahrschulautos auf den Straßen auffallen als zuvor.

Wenn Du gerne ein neues, ganz spezielles Smartphone besitzen möchtest, dann wird Dir auch dieses wesentlich öfter ins Auge fallen. Dieses Phänomen wird selektive Wahrnehmung genannt. Unser Gehirn kann natürlich nicht alle Informationen in gleicher Intensität wahrnehmen und muss filtern. Wenn Du also eine Zeit lang auf etwas fokussiert bist, dann nimmst Du dies auch intensiver wahr.

Somit öffnen sich automatisch mehr Möglichkeiten und Türen, diese Sache zu erreichen oder zu bekommen. Warum? Weil Du darauf sensibilisiert bist. Manche nennen dies auch Gesetz der Resonanz oder Gesetz der Anziehungskraft.

In Bezug auf Geld bzw. das Anziehen von Geld bedeutet das aber nicht, dass wir alleine durch das Denken an Reichtum auf einmal mehr Geld im Portemonnaie hätten. Nicht das Denken an Reichtümer bringt uns auf neue Ideen, Geld zu verdienen. Vielmehr ist es der Fokus, schöpferisch zu denken und zu handeln. Das kann eine bestimmte Person sein, die auf einmal in Dein Leben tritt und Dir ihre Hilfe bei Deinen Geschäften anbietet. Oder Dir werden spannende Angebote unterbreitet, die Dir so vorher nie aufgefallen oder überhaupt gemacht worden wären.

In unserem Fall tauschen wir Geld gegen eine Dienstleistung oder ein Produkt und helfen damit unserem Gegenüber. Wir bekommen umso mehr Geld, je mehr unser Tauschmittel, d.h. unser Dienst, an Wert gewinnt.

Um also viel Geld zu verdienen, müssen wir uns darauf fokussieren, möglichst schwierige Probleme anderer zu lösen und wertvolle Produkte anzubieten. Ansonsten passiert Dir genau das, was mir mit meinen Ebooks passiert ist. Kurzzeitiger Profitgedanke, welcher ganz schnell wieder zusammenbricht. Im Laufe dieses Buchs werde ich deshalb darauf beharren, dass Dir nicht der gleiche Fehler passiert.

Die Neufindungsphase

Ich stand also wieder bei null. Keine Ersparnisse und kein profitabler Fortschritt. Ich habe die Niederlage erst einmal sacken lassen und probierte mich mit einer neuen Methode aus. Diesmal nicht Ebooks, sondern Nischenwebseiten.

Wenn ich heute noch einmal anfangen würde, dann wäre ich bei meinen Ebooks geblieben und hätte solange daran getüftelt, bis sie erfolgreich geworden wären. Nichtsdestotrotz habe ich durch meinen Perspektivenwechsel die Macht der Nischenseiten und des Affiliate Marketings (= Weiterempfehlungsmarketing) nach zwei weiteren fehlgeschlagenen Projekten erfahren.

Ich habe mich damals einfach auf meine Intuition verlassen, ohne den Markt zu recherchieren, und einfach drauflos gelegt. Heute richte ich mich NUR noch nach der Nachfrage des Marktes und positioniere mich dort.

Ja, meine ersten Versuche bei Nischenwebseiten waren auch wieder kein Erfolg, und ja, ich habe dadurch zwei weitere Monate „in den Sand gesetzt". Wobei dies nur bedingt stimmt.

Zum einen lernte ich, was **nicht** funktioniert, und beging diese Fehler kein zweites Mal, und zum anderen wurde ich jeden Tag hartnäckiger. Ich hatte schon so viel Zeit, Mühe und Geld investiert, dass Aufgeben für mich noch weniger in Frage kam. Ich wollte, dass es endlich funktioniert! Ich wollte ein funktionierendes, profitables System erreichen!

SEKTION 2:
EINE GUTE NISCHE
FINDEN

Was ist eine Nischenseite?

Eine Nischenwebseite ist nichts anderes als die Bezeichnung für einen Blog, welcher sich mit einer ganz speziellen Thematik befasst. Auf diesem Blog kannst Du kinderleicht Deine eigenen Artikel schreiben und veröffentlichen.

Du musst Dich nicht mit komplizierter Codierung auskennen, da ich Dir ein kostenloses Baukastensystem zeige, welches einfach zu bedienen ist.

Normalerweise schreiben Blogger über ihre Lebenserfahrungen, Reisen und meist über vielschichtige Themengebiete. Betreiber von Nischenseiten spezialisieren sich auf ein <u>extrem</u> spezifisches Thema oder Produkt. Beispielsweise suchen sie sich das Produkt "Sauna" heraus und schreiben 20-30 verschiedene Artikel über dieses kleine Themenfeld.

Somit dominieren diese Betreiber ein spezifisches Thema und werden innerhalb weniger Monate zum Marktführer in den Suchergebnissen von Google. Gleichermaßen bekommt diese Nischenseite natürlich viel Besucherzustrom durch Leute, die in Google verschiedenste Informationen über Saunen herausfinden wollen.

Wie Du herausfindest, über welches Produkt Du einen Blog aufbauen solltest und wie Du in Google Marktführer wirst, erfährst Du sehr detailliert in den folgenden Erklärungen.

Wie verdiene ich mit einer Nischenseite passiv Geld?

Wir haben mittlerweile herausgefunden, dass der Verdienst auf Weiterempfehlungen von Amazon-Produkten über eine Nischenseite basiert.

Jetzt möchte ich etwas näher darauf eingehen, wie der Prozess funktioniert. Doch davor noch ein paar Worte darüber, warum Amazon ein sehr empfehlenswerter Partner ist.

Es gibt keine andere Webseite im Internet, die so viele gespeicherte Zahlungsdaten besitzt wie Amazon. Außerdem bietet Amazon eine Vielzahl erstklassiger Kundenvorteile (schnelle Lieferung, günstige Preise, 1-Klick Kauffunktion ...).

Meine Internet Marketing-Kollegen und ich haben durch eigene Tests herausgefunden, dass das gleiche Produkt auf zwei verschiedenen Anbieterwebseiten völlig andere Verkäufe erzielt. Wie kann das sein? In fast allen Fällen wurde das Produkt ausschließlich auf Amazon erworben. Die Masse kennt Amazon und hat entsprechend mehr Vertrauen zum Internetgiganten als zu kleineren Online-Shops.

Dieses Vertrauen hängt vor allem mit der Weitergabe der eigenen Daten zusammen. Amazon gilt als sicher und bietet mittlerweile nahezu alles, was man sich nur wünschen kann. In diesem Fall geben wir unsere Daten lieber heraus als auf irgendeiner unbekannten Webseite.

Das führt natürlich auch dazu, dass sich potenzielle Käufer am Ende gegen die kleinere Webseite entscheiden und lieber auf einen Shop zurückgreifen, bei dem sie sowieso regelmäßig bestellen. Deshalb werde ich im weiteren Verlauf dieses Buchs ausschließlich von Amazon sprechen.

Nachdem Du Dir also Dein Amazon-Produkt ausgesucht hast (wie das geht, erfährst Du gleich), schreibst Du extrem hilfreiche Artikel darüber.

Beispiel einer meiner Nischenseiten (circa. 150 Euro monatlich):

www.huehnerstallkaufen.de

Beim Schreiben meiner Artikel setze ich mir sehr gern das Ziel, den hilfreichsten Artikel Deutschlands über mein Produkt zu verfassen - und zwar kostenlos. Ich suche das Internet nach bestehenden Informationen aus, kopiere diese in eine große Word-Datei und schreibe in eigenen Worten einen gigantischen ersten Artikel auf meiner Startseite.

Bevor jetzt die Alarmglocken läuten und mir Vorwürfe wie "Raum geistigen Eigentums" um die Ohren geworfen werden, hier eine kurze Erklärung:

Es ist strafbar, Inhalte aus Büchern, Artikeln etc. wortwörtlich ohne Quellenangaben oder die Einwilligung des Autors zu kopieren und als eigenes Werk in irgendeiner Form zu veröffentlichen.

Es ist nicht strafbar, Inspirationen aus fremden Wissensquellen zu konsumieren und aus eigenem Verständnis und eigener Interpretation einen völlig neuartigen Beitrag zu verfassen. Wichtig ist nur, dass keine Textpassagen kopiert werden. Sobald Du versuchst, etwas nur umzuschreiben, ist der Grat zwischen Kriminalität und Legalität sehr schmal. Wenn Du allerdings etwas völlig neues aus Deinem angesammelten Wissen erschaffst, ist das legitim.

Als Babys und Kleinkinder lernen wir vor allem, indem wir das Verhalten anderer Menschen nachahmen. Wer Geschwister hat, wird dies aus Erfahrung bestätigen können. Mit steigendem Alter wollen wir immer mehr und mehr Dinge auf eigene Faust erlernen, weil wir oft der Meinung sind, es besser als andere machen zu können oder andere Wege gehen zu wollen, um einzigartig zu bleiben.

Mittlerweile bin ich allerdings der Meinung, dass wir uns gerade im Erwachsenenalter nach Vorbildern umsehen sollten und deren erfolgreiche Methoden modellieren. Wenn sich diese Technik für uns bewährt, können wir immer noch unsere eigenen Wege beschreiten. Wichtig ist, immer ein gutes Fundament zu schaffen.

Greifen wir noch einmal das Beispiel mit der Sauna auf. Du könntest nützliche Artikel über die Pflege, die Benutzung und gesundheitliche Aspekte, aber auch über Erfahrungen und Vergleiche schreiben.

Um herauszufinden, was die Leute über Dein Produkt wissen wollen, musst Du nur den kostenlosen Google Keyword Planer benutzen (wird noch ausführlich erklärt). Dieses Internet-Tool zeigt Dir die genauen Suchbegriffe (Keywords), welche die Nutzer in Google über Saunen suchen, und gleichzeitig die Höhe des monatlichen Suchvolumens Deines Themas (Sauna) in Google.

Wenn Nutzer beispielsweise das Keyword „Sauna kaufen" in Google eingeben und auf Deine Seite stoßen, finden sie hilfreiche und aufklärende Informationen, die ihnen im besten Fall bei der Kaufentscheidung weiterhelfen. Bilder und Vergleiche klären den Besucher über die Vor- und Nachteile des Produkts auf und regen dazu an, sich das Produkt auf Amazon anzusehen.

Wenn sich der Nutzer durch Deine hilfreichen Inhalte beraten fühlt, ist die Wahrscheinlichkeit sehr hoch, dass dieser einen Kauf tätigt. Im Umkehrschluss bekommst Du dadurch eine Provision, ohne auch nur einen Finger gerührt zu haben.

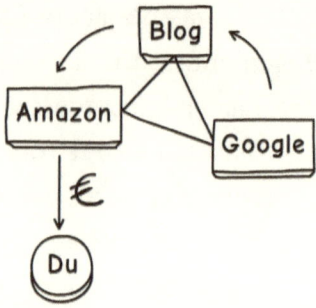

Umso hilfreicher und ehrlicher der Produktvergleich und die Aufklärung, desto höher das Verdienstpotenzial. Wer wirklich langfristig auf dem Markt bleiben will, muss informative Inhalte verfassen. Content ist das Zauberwort.

Nur auf diese Weise ist es möglich, sich in den Top 10 von Google zu positionieren, da die Suchmaschine zur Aufgabe hat, die hilfreichsten Webseiten herauszufiltern.

Schließlich möchte jeder so schnell und bequem wie möglich eine Lösung für sein Problem finden; da Google das mittlerweile versteht und anwendet, ist es nicht umsonst die beliebteste Suchmaschine in Deutschland.

Merke: Ein stabiles Fundament für Deine Nischenseite besteht nicht nur aus einer guten Vermarktung, sondern vor allem auch aus hilfreichen, einzigartigen Inhalten. Es gibt mehrere Wege, wie Du mit Deiner Nischenwebseite Geld verdienen kannst: Das Vermarkten anderer Produkte, das Vermarkten eigener Produkte und das Vermieten Deiner Nischenseite. Gehen wir also auf alle drei Strategien ein.

Drei Monetarisierungsstrategien für Nischenwebseiten

AFFILIATE MARKETING

Diese Methode ist wahrscheinlich die weit-verbreitetste unter Nischenseitenbetreibern. Du hast die Möglichkeit, Dich bei einem kostenlosen Partnerprogramm anzumelden, und bekommst im Gegenzug die Erlaubnis, Produkte Deines Partners weiterzuempfehlen und dadurch eine Provision zu erhalten.

Die Provisionen belaufen sich je nach Partnerpro-gramm auf 5-75%. Du magst Dich jetzt vielleicht darüber wundern, dass diese Spanne so riesig ist. Grundsätzlich liegt die Provisionsrate bei Partnern wie Ebay, Amazon und anderen Shopsystemen zwischen 5-20%. Dort werden überwiegend physische Produkte angeboten. Diese benötigen im Verkaufsprozess natürlich andere Erstellungskosten und Versandkosten als rein digitale Produkte. Deshalb ist die Marge pro Verkauf deutlich geringer.

Dann gibt es jedoch noch Partnerprogramme wie DigiStore24, Affilinet und Belboon, auf denen digitale Produkte angeboten werden. Die meisten Internet-Unternehmer nutzen diese Form des Affiliate Marketings.

Hier hast Du die Möglichkeit, Deinen eigenen Videokurs oder Dein Ebook anzumelden und für die ganze Welt (als sogenannter Vendor) zum Vermarkten anzubieten. Das heißt, Du agierst nicht mehr als Affiliate Marketer, sondern bist derjenige, der anderen die Möglichkeit bietet, etwas zu vermarkten.

Gleichzeitig kannst Du auch digitale Produkte anderer nutzen, um durch deren Affiliateprogramm Geld zu verdienen. Als blutigem Anfänger würde ich Dir allerdings Amazon als Einstieg empfehlen, da die Lernkurve hier relativ niedrig ist und Amazon aus oben genannten Gründen ein guter Verkaufspartner ist.

WO UND WIE FINDE ICH PARTNERPROGRAMME?

Die meisten Partnerprogramme befinden sich in Shopsystemen am Ende jeder Seite im sogenannten Footer (Fußzeile). Beispielsweise habe ich nach Affiliateseiten gesucht, die Hochzeitsartikel beinhalten, da ich spaßeshalber gelegentlich als Hochzeitsfotograf in Darmstadt unterwegs bin und dafür eine eigene Webseite besitze.

Dabei bin ich auf eine Plattform namens Weddix gestoßen. Hier kannst Du wunderbar sehen, wo Du die Option eines Affiliateprogramms im Footer finden kannst.

Link zum Partnerprogramm im Footer der Plattform Weddix:

http://www.weddix.de/

DEINE EIGENEN PRODUKTE VERKAUFEN

Wie im Vorfeld schon angedeutet, kannst Du auch Deine eigenen Produkte zum Verkauf anbieten und somit (in den meisten Fällen) wesentlich mehr verdienen als mit Affiliate Marketing. Hier eine kleine Auflistung von Produktideen:

- Ebook
- Videos/Videokurse
- Mitgliederbereich
- Hörbuch/Audiokurs
- App
- Software

Das wahrscheinlich einfachste zu erstellende Produkt ist das Ebook. Hierbei musst Du nur eine Textdatei schreiben und diese als PDF speichern. Fertig. Natürlich solltest Du darauf achten, dass dieses ein schönes Layout und Bilder beinhaltet, um attraktiver zu wirken. Beachte allerdings, dass Links in Deinen Textdateien im PDF-Format nicht mehr funktionieren und Du wichtige Internetadressen deshalb als Domainadresse angeben solltest, damit die Leser diese entsprechend kopieren und in ihre Suchleiste einfügen können.

NISCHENWEBSEITE VERMIETEN

Diese Strategie ist etwas unbekannter, aber dennoch sehr lukrativ. Ich habe diese Idee nicht selbst erfunden, sondern von einem amerikanischen SEO-Experten (SEO = Suchmaschinenoptimierung) und Millionär auf YouTube aufgeschnappt. Sein Kanal nennt sich „Source Wave Videos". Er baut Nischenwebseiten über Dienstleistungen, die EXT-

REM teuer sind, beispielsweise über Plasma-Chirurgie in München, Berlin etc. Sobald zielgerichtete Besucher auf die Seite kommen, ruft er die Chirurgen der jeweiligen Städte an und „vermietet" seine Webseite.

Das bedeutet, dass er die Kontaktinformationen des Chirurgen auf der Seite einfügt und diese für 200-500 Euro pro Monat vermietet. Wenn allein nur ein Besucher als Kunde gewonnen werden kann, profitieren beide Seiten davon maximal. Bei dieser Strategie ist das Suchvolumen meistens sehr gering (z.B. 40-100 Suchanfragen im Monat), aber der hohe Preis dieser Dienstleistung gleicht alles wieder aus.

Die drei Stützpfeiler einer erfolgreichen Nischenwebseite

HOHES SUCHVOLUMEN

Wenn Du Dir ein Produkt aussuchst, welches weniger als einhundert Mal im Monat gesucht wird, dann liegen die Karten relativ schlecht. Denn ein geringes Suchvolumen kann bedeuten, dass Deine Seite zu wenig Besucherzustrom bekommt.

Da nicht jeder Leser auf Deiner Nischenseite auch einen Kauf tätigen wird, solltest Du darauf achten, Dir ein Produkt mit einem hohen Suchvolumen auszusuchen. Wie das genau funktioniert, erfährst Du in den nächsten Kapiteln dieser Sektion.

Die sogenannte Conversionrate (Rate zwischen Besuchern und Käufern) liegt meistens zwischen 1-4%. Das bedeutet, dass pro hundert Klicks auf ein Produkt ein bis vier Leute etwas kaufen. Allerdings ist die Suchnachfrage nicht immer entscheidend. Du kannst Dich auch auf extrem teure Artikel positionieren.

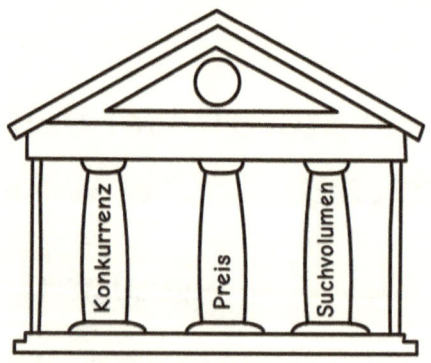

PREIS DES PRODUKTS

Praktisches Beispiel:

Produkt A kostet 20 Euro.

Produkt B kostet 200 Euro.

Wenn Du von Amazon eine Provision von 7% bekommst, dann würdest Du bei Produkt A 1,40 Euro und bei Produkt B 14 Euro pro Weiterempfehlung verdienen.

Wäre das Suchvolumen von Produkt A relativ gering, würdest Du daran sicherlich nichts oder nur wenig verdienen. Ist das Suchvolumen allerdings recht hoch und führt zu mehr Käufen, gleicht sich der geringere Kaufpreis im Vergleich zu Produkt B wieder aus. Umgekehrt würde ein geringes Suchvolumen bei Produkt B keinen Schaden anrichten, weil es im Ausgleich einen höheren Kaufpreis besitzt als Produkt A. Es ist also ein gedanklicher Fehler, nur Produkte mit einer monatlich hohen Suchanfrage als potenzielle Nischen einzubeziehen. Du kannst genauso Nischenprodukte mit einem etwas niedrigeren Suchvolumen nutzen, die dafür einen höheren dreistelligen Kaufpreis besitzen.

DIE KONKURRENZ

Der letzte der drei Stützpfeiler sind Deine Konkurrenten, welche sich in Google tummeln. Es gibt zwar noch viele Produkte, über die nahezu keine Artikel, Vergleiche, Kaufempfehlungen und Informatives geschrieben wurde, doch die Konkurrenz schläft nicht.

Obwohl wir vor allem im deutschsprachigen Raum mit weniger Mitbewerbern konkurrieren müssen, da wir im Marketingbereich (im Gegensatz zu den Amerikanern) Spätentwickler zu sein scheinen, muss jeder Internet-Unternehmer beim Aufbau seiner zukünftigen Nischenseite gut recherchieren und vorausplanen, um nicht in einen See voller Piranhas zu springen.

Worauf Du dabei achten musst, besprechen wir gleich im Detail.

Registrierung beim Google Keyword Planer

Der Google Keyword Planer ist ein kostenloses Tool, welches Dir hilft, das monatliche Suchvolumen verschiedenster Suchbegriffe herauszufinden.

Eigentlich ist dieses Tool nur für Leute gedacht, die über Google bezahlte Werbeanzeigen schalten wollen, um ihre Produkte zu vermarkten. Wir tricksen allerdings das System aus und machen uns dieses Tool zu Eigen, um profitable Nischen ausfindig zu machen.

Das Prinzip ist sehr simpel. Nachdem Du Dich kostenlos registriert hast, kannst Du jeden erdenklichen Suchbegriff in den Keyword Planer eingeben. Dieser spuckt Dir dann das monatliche Suchvolumen sowie weitere themenrelevante Suchbegriffe raus.

Somit kannst Du zusätzliche Nischenthemen für Deine Seite finden und diese ausbauen.

Unter folgendem Link findest Du einen Blogartikel auf meiner Webseite, welcher Dir Klick für Klick zeigt, wie Du Dich beim Google Keyword Planer kostenlos anmeldest:

www.projektpassiveseinkommen.com/registrierung-adwords

Suchbegriffe herausfiltern

Es macht natürlich nur Sinn, Produktnamen im Google Keyword Planer zu suchen, wenn diese auch innerhalb entsprechender Partnerprogramme zu finden sind.

Das Erste, was Du tun solltest, ist, mehrere Produkte auf Amazon auszusuchen und diese im Keyword Planer nach ihrem monatlichen Suchvolumen zu sortieren. Zu empfehlen sind Produkte mit einem Volumen von etwa 1000-6000 Anfragen im Monat. Ja, auch Nischen unter eintausend Anfragen können sehr lukrativ sein, aber für Anfänger ist die angegebene Spanne am besten geeignet, da Du bei diesem Suchvolumen am wenigsten falsch machen kannst.

In folgendem Artikel findest Du eine weitere Klick-für-Klick-Anleitung, welche Dir anhand von Bildern zeigt, wie Du die Suchanfragen im Keyword Planer umsetzt:

http://www.projektpassiveseinkommen.com/richtige-nische-finden

Link zu Keyword Planer Suchvolumen bestimmen

Wenn Du Deine erste Nischenseite aufgebaut hast, kannst Du auch niedrigere oder höhere Suchanfragen anpeilen. Du hast, grob gesagt, drei Möglichkeiten:

1. Niedrige Suchanfrage + hoher Preis
2. Mittelmäßige Suchanfrage + mittelmäßiger Preis
3. Hohe Suchanfrage + niedriger Preis

Ein niedriges Suchvolumen beläuft sich auf etwa 300-1000 Anfragen pro Monat, ein mittleres auf etwa 1000-10.000 und ein hohes Suchvolumen auf über 10.000 Suchanfragen.

Ein niedriger Preis umfasst alles zwischen 20-70 Euro, ein mittlerer Preis etwa 70-200 Euro und ein hoher Preis 200 Euro aufwärts.

Deine Praxisaufgabe

Suche Dir zehn Produkte auf Amazon aus und finde deren Suchvolumen heraus. Wähle am Anfang zehn Produkte mit einem **mittleren Suchvolumen** und einem **mittleren Preis**.

Falls es Dir schwer fallen sollte oder es für Dich zu zeitaufwändig ist, mehrere Produkte zu analysieren, habe ich ein sehr hilfreiches PDF erstellt. Nach etwa fünf Tagen Analyse habe ich 1402 Amazon-Produkte zusammengestellt und für jedes einzelne das Suchvolumen herausgesucht. Wenn Du Interesse an einer großen Zeit- und Arbeitsersparnis hast, kannst Du Dir diese Liste für 7 Euro unter folgendem Link holen:

www.projektpassiveseinkommen.com/1402-nischen

Konkurrenz prüfen

Super, Du hast jetzt zehn verschiedene Nischenprodukte im mittleren Segment ausgewählt. Im Folgenden findest Du sechs Indikatoren für die Einschätzung Deiner Konkurrenz in den jeweiligen Produktnischen.

PAGERANK

Google hat die Aufgabe, die bestmöglichen Artikel für seine User ganz oben in den Suchergebnissen zu positionieren. Da Google mit einem komplizierten Algorithmus läuft, gibt es auch bestimmte Faktoren, durch welche eine Platzierung festgelegt wird.

Dieser Algorithmus ändert sich von Zeit zur Zeit. Außer dem Management von Google weiß niemand genau, wie diese Zauberformel aussieht. Jedoch gibt es viele zeitlose Rankingfaktoren, welche wir im Folgenden ansprechen werden. Einer davon ist der Pagerank.

Bitte nimm Dir einen Deiner zehn Suchbegriffe zur Hand und gib diesen in die Google-Suche ein. Jetzt sollten die ersten Top 10 Suchergebnisse auf Deinem Bildschirm erscheinen. Diese zehn aufgelisteten Seiten werden wir nutzen, um Deine Konkurrenz zu prüfen.

Der erste Rankingfaktor und Konkurrenzzeiger, den ich bereits angesprochen habe, ist **Pagerank**. Der Pagerank ist eine Rangordnung, welche durch Google festgelegt wird. Es handelt sich um eine Skala, die bei 0 beginnt und bei 10 endet. Google legt somit die Autorität einer Seite fest und ordnet dieser eine Zahl von 0 bis 10 zu. 0 bedeutet, dass diese Seite keinerlei Autorität verfügt und Dir keine Konkurrenz bietet. 10 hingegen ist die höchste Positionierung. Die Social Media-Giganten Facebook und Twitter etwa besitzen einen Pagerank von 9 beziehungsweise 10.

Vor dem Jahr 2015 war der Pagerank noch einer der essentiellsten Faktoren, um die Konkurrenz einer Nische zu bestimmen. Mittlerweile hat er an Bedeutung verloren, eignet sich aber immer noch für eine grobe Konkurrenzanalyse. Anders ausgedrückt:

Wenn der Pagerank auf allen zehn Seiten der Suchergebnisse unter 2 liegt, dann ist das ein sehr gutes Indiz. Falls der Pagerank jedoch höher ausfallen sollte, dann ist dies noch kein Grund aufzugeben. Denn es gibt noch einige weitere Rankingfaktoren, welche im Spiel der Positionierung in Google mitmischen.

HAUPTKEYWORD IM TITEL

Ein wichtiger Indikator, um Deine Konkurrenz zu prüfen, ist die Auffindbarkeit Deines Keywords im Titel der einzelnen Top 10 Suchergebnisse. Ist Dein Hauptkeyword in jedem einzelnen Titel vorhanden? Sollte dies nicht der Fall sein, dann hast Du bereits einen Schwachpunkt bei Deiner Konkurrenz entdeckt. Es ist für Dein Ranking äußerst wichtig, dass das Hauptkeyword immer im Titel, der Beschreibung, den Überschriften, Deinen Inhalten etc. zu finden ist.

HAUPTKEYWORD IN DER BESCHREIBUNG

Als Nächstes prüfen wir die Beschreibung der Top 10 Suchergebnisse. Unterhalb des Titels befindet sich eine Beschreibung, welche auf 160 Satzzeichen limitiert ist.

Schau Dir die Beschreibung an, um nach Lücken zu suchen. Wenn Du Deine Produktnische in Google eingibst, wird Dein Keyword in den Suchergebnissen fett markiert.

Somit sollte es Dir einfacher fallen, die Beschreibungen in kürzester Zeit zu überblicken.

Ist das Hauptkeyword in jeder Beschreibung zu finden? Wenn nein, dann hast Du wieder eine Lücke gefunden, welche Du mit Deiner Nischenseite füllen kannst.

HAUPTKEYWORD IN DEN ÜBERSCHRIFTEN

Nun klicken wir auf jede einzelne Seite der Top 10, um diese zu analysieren. Obwohl die ersten drei Suchergebnisse theoretisch schon genügen, empfehle ich Dir dennoch, Dir diese Arbeit zu machen und alle Top 10 Seiten zu prüfen.

In den meisten Fällen besitzen hilfreiche Artikel oder Webseiten nicht nur einen Fließtext, sondern auch Überschriften, welche den Fließtext untergliedern.

Suche nach diesen Überschriften. Möglicherweise sind keine vorhanden, dann darfst Du Dich über einen weiteren Schwachpunkt Deines Mitbewerbers freuen. Wenn vorhanden, dann fehlt möglicherweise Dein Hauptkeyword darin. Achte auf diese Schwachpunkte.

HAUPTKEYWORD IN DER URL

Die URL („Uniform Resource Locator") ist vereinfacht gesagt nichts anderes als die Webseitenadresse. Jede einzelne Seite im Internet besitzt eine eigene Adresse. Du hast dabei die Möglichkeit, Dein Keyword in die Adresse einzubinden.

Dieser Faktor ist eher weniger relevant, allerdings

auch nicht völlig unbrauchbar. Siehe Dir die URLs aller Top 10 Seiten an und achte darauf, ob sich Dein Hauptkeyword darunter befindet. Nicht enthalten? Nächster Schwachpunkt!

LANGE UND HILFREICHE ARTIKEL

Wenn Besucher auf einer Webseite landen und dort mehrere Minuten verweilen, dann ist dies ein Anzeichen dafür, dass die Inhalte scheinbar sehr wertvoll für sie sind. Deshalb ist die durchschnittliche Verweildauer auf Deiner zukünftigen Webseite sehr wichtig. Das erreichst Du am einfachsten, indem Du lange (und natürlich nützliche) Artikel verfasst. Schaue Dir also Deine Konkurrenten an und prüfe, ob deren Texte lang und hilfreich auf Dich wirken.

Aber was bedeutet „lang"? Ein langer Text umfasst tausend Wörter oder mehr. Wenn dies bei allen Seiten der Fall sein sollte, ist das eher ein schlechtes Zeichen. Wenn es sich bei den meisten Seiten nur um Verkaufsseiten mit relativ kurzen Beschreibungen handelt, dann ist dies ein gutes Zeichen.

WEITERE INDIKATOREN

Es gibt noch wesentlich mehr Indikatoren, um die Lage auf Deinem Nischenmarkt zu „checken", was aber den Rahmen dieses Buchs sprengen würde. Ein letzter und äußerst wichtiger Indikator, den ich Dir verraten möchte, ist das Überprüfen des Backlinkportfolios. Wenn Du ein Anfänger bist, dann findest Du in den letzten zwei Sektionen aufschlussreiche Erklärungen dazu.

Unter folgendem Link findest Du einen praxisbezogenen Blogartikel über die Konkurrenzbestimmung. Hier findest Du wieder die Schritt-für-Schritt-Anleitung:

www.projektpassiveseinkommen.com/konkurrenz analyse

MARKET SAMURAI

Am Schluss möchte ich Dir noch ein kostenpflichtiges Tool ans Herz legen, welches ich nahezu jedes Mal benutze, um Nischen auf deren Konkurrenz zu analysieren. Market Samurai ist eine Software, die Dir eindeutig mehr Rankingfaktoren bietet als andere Programme.

Obwohl es kostenpflichtig ist, kannst Du es über die zweiwöchige kostenlose und unverbindliche Trial-Version testen. Du schließt also kein lästiges Abonnement ab, welches sich nach den zwei Wochen automatisch verlängert, sondern kannst ganz entspannt reinschnuppern.

Unter folgendem Link findest Du einen weiteren Blogartikel inklusive Videoanleitung, wie Du die Software zu benutzen hast:

www.projektpassiveseinkommen.com/market-samurai/

Monetarisierbarkeit prüfen

In diesem Abschnitt gehen wir der Frage nach, wie Du die Lukrativität Deiner Nische prüfen kannst. Ich möchte Dir zwei Indikatoren vorstellen.

WIRD WERBUNG AUF GOOGLE GESCHALTET?

Zwei wesentliche Faktoren für die Lukrativität Deiner Nische sind Konkurrenz und Werbeanzeigen. Obwohl wir nicht zu viel Konkurrenz haben möchten, zeigt sie uns, dass der Markt für diese Nische sich lohnen muss – da es anderenfalls nicht so viele Mitstreiter gäbe.

Ein sehr guter Indikator für die Monetarisierbarkeit Deiner Nische sind zudem eingeblendete Werbeanzeigen, welche erscheinen, wenn Du Dein Hauptkeyword in Google eingibst. Diese Suchergebnisse sind mit einem kleinen gelben Sticker mit der Aufschrift "Anzeige" versehen. Denn wenn andere Bares zahlen, um daraus mehr Profit zu erwirtschaften, ist dies ein starkes Anzeichen für einen lukrativen Markt.

Begehe nicht den Fehler, am Anfang nur solche Nischen auszuwählen, die keinerlei Anzeichen von Konkurrenz aufzuweisen scheinen. Was hilft Dir eine Nische ohne Mitstreiter, wenn es keinen Markt für diese Produkte gibt? Denke daran: Die Aufgabe eines Nischenmarketers ist nicht, unbekannte Nischen zu entdecken, sondern sich in Nischen zu etablieren und sich durch bessere Arbeit als seine

Konkurrenz auf dem Markt zu behaupten. Anders ausgedrückt: Wer nur bestehen kann, weil er keinerlei Mitstreiter hat, sollte vielleicht noch ein wenig an seinen Schwachstellen arbeiten.

Natürlich sollten Nischenmarketer keinen übersättigten Markt anstreben (das wäre auch in diesem Sinne keine Nische). Mit ein wenig Übung wirst Du aber recht leicht erkennen, wie der Markt um diese Nische bestellt ist, und vor allem ist es wichtig, keine Angst vor Konkurrenz zu haben.

Hier ein grobes Beispiel für einen großen Markt und einen Nischenmarkt:

Großer Markt: Rasenmäher

Nischenmarkt: Akku-Rasenmäher

Werden also Anzeigen geschaltet? Gut, dann geht's jetzt weiter! ☺

DER CPC

CPC, was ist denn das bitte? CPC steht für "cost per click", also Kosten pro Klick. Wie ich ein paar Seiten zuvor geschrieben habe, ist der Google Keyword Planer ein Tool für Menschen, die bezahlte Werbung schalten möchten.

Google gibt eine Schätzung für die durchschnittlichen Kosten pro Klick auf jede bezahlte Anzeige für das spezifische Keyword ab. Wenn Du also Werbung für "Akku-Rasenmäher" schalten würdest, dann zeigt Dir Google im Keyword Planer z.B. 1,25 Euro an.

Somit kostet jeder einzelne Klick auch um die 1,25 Euro. Wir zahlen natürlich kein Geld mit unserer Strategie, da wir durch die Suchmaschinenoptimierung unbezahlte Besucherströme erzielen.

Wir können uns allerdings den CPC-Wert zunutze machen, da dieser uns den Kostenapparat aufzeigt und wir dadurch einen Indikator für lukrative Nischen bekommen. Warum?

Nun, je mehr Leute eine Anzeige bewerben, desto höher ist der CPC, beziehungsweise, je mehr Geld durch das Keyword verdient wird, desto weiter steigt der CPC-Wert an.

Keywords mit einem CPC von etwa 1 Euro sind schon wirklich lukrativ! Alles, was darüber hinausläuft, ist natürlich noch besser. Du hast also im Vorfeld Deine Nische über die aufgelisteten Rankingfaktoren analysiert. Und mit dem CPC-Ausschlussverfahren bleiben Dir sehr wahrscheinlich nur noch eine Hand voll Keywords übrig.

Diese Keywords prüfst Du nun auf deren Monetarisierbarkeit, um nur die lukrativsten Nischen im Rennen zu lassen. Falls Du alle zehn Keywords ausgeschlossen hast, solltest Du weitere Suchbegriffe analysieren.

Eine gute Nische zu finden ist mit einer kleinen Schatzsuche gleichzusetzen, und genau dieser Prozess ist auch das Spannende an dieser Methode.

DURCHSCHNITTLICHEN PREIS BESTIMMEN

Gehe auf die Amazon Webseite und gib Dein Nischenprodukt in die Suchleiste ein. Jetzt sollten mehrere Produktvarianten von verschiedenen Anbietern aufgelistet erscheinen. Wähle fünf Produkte unterschiedlicher Preissegmente aus. Wenn Du beispielsweise nach Akku-Rasenmähern suchst, wirst Du Mäher in unteren, mittleren und höheren Preisklassen finden.

Berechne den Durchschnittspreis aus diesen fünf Produkten, indem Du alle fünf Preise addierst und die Summe durch fünf dividierst. An diesem Durchschnittspreis kannst Du Dich auf Deinem Nischenmarkt orientieren.

Deine Praxisaufgabe

1. Registriere Dich im Google Keyword Planer

2. Suche Dir zehn sehr spezifische Produkte aus Amazon raus

3. Prüfe das Suchvolumen im Keyword Planer (oder nutze mein „1402 Nischen Ebook")

4. Bewerte die Konkurrenz der einzelnen Nischenprodukte

5. Filtere Dir somit eine passende Nische heraus

*Die praktischen Schritt-für-Schritt Anleitungen findest Du in den geteilten Links. Diese gehören zum Buch und dort findest Du Bider und Videos, die Dir den Weg weisen.

SEKTION 3:
BLOG AUFBAUEN

Domainnamen herausfinden

Bevor Du Deine Webseite aufbauen kannst, solltest Du zunächst einen passenden Domainnamen wählen. Vor einigen Jahren war es ein wichtiger Rankingfaktor, das Hauptkeyword im Domainnamen zu integrieren, um dadurch ein Boost im Ranking zu bekommen.

Mittlerweile ist dieser Faktor nahezu unbrauchbar. Einige Leute aus meiner Community verzetteln sich oft und überlegen viel zu lang, wie sie geschickt mehrere Keywords in einen Domainnamen einfügen können.

In Zukunft werden Brands immer mehr und mehr an Überhand gewinnen, und diese enthalten in den meisten Fällen absolut keine Suchbegriffe in ihrem Namen. Trotz allem kann es natürlich nicht schaden, sich einen Domainnamen mit einem Keyword zu erstellen. Suche Dir also jetzt einen Namen aus und mache Dir wegen der Keywords keine allzu großen Gedanken.

Verfügbarkeit des Domainnamens prüfen

Viele Webseitenadressen sind schon vergeben und werden von anderen Betreibern genutzt. Deshalb ist es wichtig zu prüfen, welche Domainbezeichnung noch frei verfügbar ist. Auf der Seite von All-Inkl kannst Du die allgemeine Verfügbarkeit direkt prüfen:

www.all-inkl.com

Webhost auswählen und registrieren

Es gibt eine Vielzahl von Webhosts, welche Dir anbieten, Deine Webseite auf ihren Servern zu speichern. Mein absoluter Favorit ist All-Inkl.

Im Gegensatz zu den amerikanischen Riesenunternehmen wie Hostgator und Bluehost liegt der Server von All-Inkl in Deutschland. Dies hat einen entscheidenden Vorteil für die Ladezeiten Deiner Webseite: Da sich die Server der Amerikaner auf der anderen Seite der Erde befinden und das Signal eine längere Strecke zurücklegen muss, erhöht sich die durchschnittliche Ladezeit Deiner Seite, was sich negativ auf Dein Ranking auswirkt. Wählst Du hingegen einen Server in Deutschland, verringert sich die Ladezeit dramatisch.

Außerdem zahlst Du bei All-Inkl nur 5 Euro monatlich und kannst dafür drei komplette Webseiten aufbauen. Des Weiteren hilft Dir dieser Anbieter kompetent und schnell weiter, wenn Du einmal Fragen zu Deinem Tarif oder anderen Sachen bezüglich der Webseiten hast. Unter folgendem Link findest Du die Schritt-für-Schritt-Anleitung, um Deine eigene Domain und Webseite via All-Inkl anzumelden und zu registrieren:

www.projektpassiveseinkommen.com/wie-erstelle-ich-einen-blog/

Wordpress-Installation

Da Du nun Deine erste Webseite bei All-Inkl registriert hast, ist es an der Zeit, WordPress zu installieren. WordPress ist nichts anderes als ein Baukastensystem, mit welchem Du Deine Webseite nahezu ohne Codierung aufbauen kannst.

Obwohl WordPress eher für Blogs ausgelegt ist, lassen sich auch statische Webseiten kinderleicht damit generieren.

Eigentlich kannst Du diese absolut ohne Vorkenntnisse erstellen, jedoch erleichtern Dir ein paar wenige HTML-Kenntnisse Dein Leben. Diese wirst Du im Laufe des Buchs jedoch als Vorlage auf dem Präsentierteller bekommen.

Um WordPress zu installieren, loggst Du Dich in Deinem neuen All-Inkl-Account ein. Dort kannst Du WordPress auf Deiner Domain einbinden. Wie das genau funktioniert, findest Du in folgendem Artikel heraus:

www.projektpassiveseinkommen.com/wordpress-tutorial-deutsch/

Niemals Nischenseite verraten

Ein wichtiger Hinweis, den ich allen meinen Followern immer mit auf den Weg gebe, ist, dass sie keiner Person von ihrer Nischenseite erzählen sollen. Viele Anfänger freuen sich, eine gute Nische gefunden zu haben, und posten diese beispielsweise in meine PPE Community Facebook-Gruppe. Die Gruppe ist ein guter Anlaufpunkt, wenn es darum geht, seine Fragen loszuwerden oder über interessante Themen zu diskutieren, aber es ist sehr unklug, die eigene Nische zu veröffentlichen.

Es gibt immer Leute, die sich die Nischen unter die Finger krallen. Somit schaffst Du Dir unnötig schnell Konkurrenz und riskierst weniger Einnahmen. Konkurrenz wird früher oder später sowieso aufkommen.

Deshalb lohnt es sich, die Nische für sich zu behalten, und diese so gut auszubauen, dass andere gar nicht erst auf die Idee kommen, Dir in diesem Feld den Platz streitig zu machen.

Deine Praxisaufgabe

1. Suche Dir einen passenden Domainnamen aus

2. Melde Dich bei einem Webhost an (z.B. All-Inkl)

3. Installiere WordPress auf Deiner Webseite

*Die praktischen Schritt-für-Schritt Anleitungen findest Du in den geteilten Links. Diese gehören zum Buch und dort findest Du Bider und Videos, die Dir den Weg weisen.

SEKTION 4:
INHALTE VERFASSEN
UND VERÖFFENTLICHEN

Psychologie beim Aufbau einer Nischenwebseite

Der wahrscheinlich häufigste Anfängerfehler ist der reine Fokus auf Profit mit der Nischenwebseite.

Ich beharre darauf, Dir erst das ganze Bild zu zeigen, bevor ich mit dem praktischen Teil des Inhaltverfassens anfange. Ich habe durch die Missachtung folgender drei Regeln viel Zeit und gutes Geld verloren und will Dir diese enttäuschende Zeit ersparen.

Ich will nicht leugnen, dass eine Nischenwebseite hauptsächlich dafür da ist, um Geld zu generieren, indem Du hilfreichen Mehrwert auf diesen Seiten lieferst. Jedoch kann es ganz schnell dazu kommen, dass Du zu viele Affiliatelinks setzt, zu viele Buttons platzierst und Dein Text viel zu reißerisch klingt.

Mir ist GENAU das passiert ...

Meine erste Nischenwebseite war ein kompletter Reinfall. Ich habe nicht nur eine miserable Keywordrecherche betrieben und ein Amazon-Produkt ausgewählt, das heiß umworben ist, sondern auch Texte verfasst, bei denen die Besucher wahrscheinlich nach zwei Sätzen bereits Angst um ihr Geld bekamen.

Dadurch konnte ich nur wenige Käufe erzielen. Ich wollte einfach sicher gehen, dass meine erste Nischenwebseite ein voller Erfolg ist. Tja, weit gefehlt.

Drei Wege, die das Vertrauen in Dich steigern und Deine Umsätze erhöhen

1. AUCH NEGATIVE ASPEKTE AUFFÜHREN

Wer auch über Schwächen spricht, wirkt in den meisten Augen authentisch und ehrlich. Warum? Schwächen zuzugeben, erfordert Mut und Ehrlichkeit. Wer nur von Erfolgen prahlt, wird selten von der Masse gefeiert.

Führe also bei Deiner Produktvorstellung möglichst auch negative Aspekte ein. Beachte dabei, dass Du immer erst eine Reihe positiver Vorteile nennst und dann ein bis zwei negative Anmerkungen machst. Besucher bekommen dadurch das Gefühl, eine umfassende Beratung von Dir zu erhalten, und sind eher bereit, Dir Vertrauen entgegenzubringen.

Wenn möglich, kannst Du auch ein Alternativprodukt aufzeigen, welches die Nachteile Deines Produkts wieder relativiert.

2. KUNDENMEINUNGEN IN NISCHENWEBSEITE INTEGRIEREN

Ein sehr mächtiger psychologischer Hebel ist, die Meinungen von Kunden aufzuführen. Dabei musst Du das Produkt selbst gar nicht kaufen, um eine ehrliche Aussage zu treffen. Suche Dein Produkt auf Amazon und scrolle nach ganz unten, wo sich die Rezensionen befinden.

Lies Dir gute und schlechte Rezensionen durch, um ein ganzheitliches Bild von Deinem Produkt zu gewinnen. Welche Eigenschaften wurden mehrheitlich gelobt, welche mehrheitlich bemängelt?

3. GARANTIE/RÜCKGABERECHT ERWÄHNEN

Sicherheit ist einer der sechs menschlichen Grundbedürfnisse. Je mehr Grundbedürfnisse wir abdecken, desto attraktiver ist unser Angebot. Diese Grundbedürfnisse lauten:

1. Sicherheit
2. Abwechslung
3. Einzigartigkeit
4. Liebe & Beziehung
5. Wachstum
6. Engagement

Beim Thema Sicherheit lässt sich aufführen, dass auf Amazon ein Rückgaberecht von 14 Tagen gilt. Das heißt, wenn ein Besucher über Deine Nischenwebseite ein Produkt bei Amazon kauft, besitzt er die Möglichkeit, dieses innerhalb der Rückgabefrist von zwei Wochen zurückzuschicken, wenn es ihm nicht zusagt. Diese kleine unscheinbare Information kann daher einen Kauf begünstigen, einfach weil der Käufer im Notfall sein Geld wieder bekommt.

Außerdem bieten die Produktverkäufer in den meisten Fällen auch eine Produktgarantie von beispielsweise zwei Jahren an. Wenn also bei einem Laptop plötzlich der Bildschirm flackert, dann kann dieser eingeschickt werden und es wird ein neues Modell versendet.

Es macht Sinn, diese beiden Aspekte zu erwähnen, um mehr Sicherheit und Vertrauen zu schaffen.

Breit mit Deiner Nischenseite aufstellen

Es gibt mehrere Nischenmarketer, die sehr kleine Blogs aufbauen (Mikronischenseiten), welche nur aus circa fünf Seiten bestehen. Meiner Meinung nach sollte jede Nischenwebseite aber mindestens zwanzig Artikel enthalten.

Warum?

Angenommen, Du wärst Musikproduzent und hättest zwei Sänger, von denen einer allerdings bisher nur wenige Songs veröffentlicht hat, während der andere eine Vielzahl an Alben und erfolgreichen Liedern aufweisen kann. Welchem von beiden würdest Du einen Plattenvertrag geben?

Natürlich gibst Du den Plattenvertrag dem zweiten Sänger, da sein Mehrwert höher ist.

Auch in Google werden breit aufgestellte Seiten bevorzugt und kommen eher auf die vorderen Ränge als winzige Blogs, allein schon deshalb, weil größere Seiten mit höherer Wahrscheinlichkeit auch mehr Tipps und guten Content liefern.

Deshalb verfolgen wir die Strategie, mindestens zwanzig Artikel pro Nischenseite zu erstellen und diese zeitversetzt zu veröffentlichen. Du kannst bei der Veröffentlichung einstellen, dass Deine vorge-schriebenen Artikel alle fünf Tage automatisch pu-bliziert werden. Das spart Zeit und lässt sich wun-derbar automatisieren! ☺

Inspirationen für den Inhalt der Artikel finden

Beim Erstellen einer Nischenwebseite liegt oftmals eine immer wiederkehrende Situation vor: Du hast ein neues Produkt gefunden, welches Du vermarkten möchtest, ABER hast nahezu keine Erfahrung oder Wissen darüber. Was nun?

Ich verrate Dir, welche Quellen es gibt, um Informationen zu finden, und wie Du diese effizient herausfilterst, damit Du möglichst wenig Zeit für das Schreiben verlierst.

Inhaltsverzeichnis aus Amazon-Büchern

Es gibt einen wunderbaren Trick, um Inspiration von anderen Buchautoren zu finden. Wie schon öfter angesprochen, halte ich es für sehr sinnvoll, sich an Modellen zu orientieren, die sich auf dem Markt erfolgreich etabliert haben. Nachdem Amazon eine Vielzahl von Büchern und Ebooks aufweist, kannst Du Dir bei den einzelnen Büchern eine Buchvorschau ansehen, um erste Eindrücke über das Buch zu sammeln. Dazu musst Du nur auf das Coverbild des Buchs klicken. Es öffnet sich ein Fenster mit der Vorschau. Da das Inhaltsverzeichnis immer am Anfang eines Buchs steht, kannst Du Dir die Inhalte anhand des Verzeichnisses ableiten. Somit weißt Du ganz genau, worauf sich die Bestsellerautoren in Deiner Nische konzentrieren.

Nischenseiten aus amerikanischem Markt

Eine weitere Möglichkeit ist das Modellieren themenrelevanter Nischenseiten im englischsprachigen Internetraum. Dort befinden sich weitaus mehr Blogs als im deutschsprachigen Internet. Blogbetreiber auf dem englischsprachigen Markt haben mit einer hohen Konkurrenz zu kämpfen und dürfen sich absolut nichts erlauben – nur wer sich hier weiterentwickelt und erstklassigen Inhalt liefert, kann langfristig bestehen. Und von genau diesen guten Blogs kannst Du profitieren!

Durch den angesprochenen Entwicklungsprozess sind die Nischenseiten auf dem internationalen Markt deutlich besser im Verkauf, in der Vermarktung und in der Gestaltung - also eine exzellente Methode, um sich inspirieren zu lassen.

Informationen aus Büchern filtern

Wem die Vorschauseiten auf Amazon nicht ausreichen, um sich Informationen zu beschaffen, der kommt nicht umhin, sich die detaillierte Fassung anzueignen. Ich habe damals den Fehler begangen, ein Buch von Anfang bis Ende zu lesen. Das ist allerdings totaler Quatsch.

Mittlerweile lese ich die meisten Sachbücher folgendermaßen:

Schritt 1: Überfliege das Buch in drei bis vier Minuten, um einen groben Überblick zu bekommen.

Schritt 2: Nimm Dir etwa zehn Minuten Zeit, überfliege das Buch nochmals und setze mit Bleistift bei den Kapiteln und Abschnitten ein kleines Kreuzchen, welche für Deine Nischenseite relevant sein könnten.

Schritt 3: Lies Dir nur diese markierten Buchstellen durch und übertrage diese in eine Word-Datei.

Achte darauf, dass Du Dich nicht beim Lesen verzettelst und denkst, das ganze Buch lesen zu müssen. Wichtig ist, dass Du in möglichst kurzer Zeit möglichst viel Relevantes herausfilterst.

Ob Du dabei ein oder zwei Aspekte übersiehst, spielt absolut keine Rolle!

Effektiv Inhalte sammeln und Artikel schreiben

Da Du jetzt drei wertvolle Methoden kennengelernt hast, um Informationsquellen zu finden, solltest Du das relevante Wissen auch an einem Ort bündeln. Erstelle also eine ganz normale Textdatei auf Deinem PC und sammle alle wichtigen Informationen.

Nimm Dir verschiedene Inhaltsverzeichnisse aus Amazon oder von anderen Quellen zur Hand und erstelle Dein eigenes, individuelles Inhaltsverzeichnis. Wenn Du damit fertig bist, untergliederst Du Dein Verzeichnis in Stichpunkte, welche den Inhalt des jeweiligen Kapitels widerspiegeln.

Beispiel:

- Kapitel 1: Marktrecherche und Nischenfindung
- Suchvolumen im Keyword Planer herausfinden
- Konkurrenz in den Top 10 vergleichen
- Preis des Nischenprodukts bestimmen

Mit dieser Methode kannst Du sehr schnell Inhalte für Deine Blogartikel generieren. Dennoch kommt es beim Schreiben gelegentlich zu einer Schreibblockade, die wahrscheinlich jeder auf die eine oder andere Weise schon erlebt hat. Was kann man dann machen? Tim Ferriss, ein mehrfacher New York Times Bestsellerautor, hat für diese Fälle folgenden Trick auf Lager, den ich selbst wärmstens empfehlen kann:

Da Du jetzt also schonmal Deine Ideen in Kapitel gegliedert hast, kannst Du Dir vornehmen, eine feste Wörteranzahl pro Tag zu schreiben.

Für mich sind es beim Schreiben dieses Buchs 800 Wörter pro Tag gewesen. Ich habe anfangs versucht 2000 Wörter zu schreiben, jedoch hat diese Anzahl für mich nicht funktioniert.

Bei diesem Prinzip ist es wichtig auszutesten, welcher Wörterumfang zu Dir passt. Gleichzeitig solltest Du auch nicht versuchen, an manchen Tagen mehr zu schreiben, da Du sonst schnell in die Gedankenfalle „gestern habe ich ja mehr gemacht, dann muss ich morgen weniger schreiben" gerätst.

Das Schreiben eines Buchs oder vieler Blogartikel ist mit einem Marathon zu vergleichen. Manche sprinten direkt am Anfang los, um schnellstmöglich auf dem ersten Platz zu sein. Jedoch sind diese Personen meistens die, die als letzte am Ziel ankommen (wenn überhaupt).

Lange Texte schreiben

In den folgenden Sektionen kommen wir auf die Suchmaschinenoptimierung (engl. SEO = Search Engine Optimization) zu sprechen, welche mit dem Motor einer Nischenseite gleichzusetzen ist.

Einer der wichtigsten SEO-Faktoren ist ein möglichst langer Text. Auf die spezifischeren SEO-Hintergründe kommen wir noch zu sprechen. Am Wichtigsten ist immer, dass wir versuchen, extrem hilfreiche Informationen auf unseren Blogs zu veröffentlichen.

Das kann ich nicht oft genug wiederholen, denn guter Content hält unser Kartenhaus zusammen. Dadurch bleiben Deine zukünftigen Besucher auch wesentlich länger auf Deiner Seite. Ein Rankingfaktor ist die durchschnittliche Verweilzeit auf einer Seite. Sehr guter Content erhöht natürlich die Aufenthaltszeit. Durch lange und ausführliche Texte kannst Du diese nochmals um ein Vielfaches verlängern. Deshalb kann es unter Umständen eine sehr gute Strategie sein, Deinen besten Content auf dem deutschsprachigem Markt kostenlos anzubieten.

Bilder einfügen

Um Deine Texte optisch ansprechender zu gestalten, ist es sinnvoll, Bilder zu verwenden. Allerdings solltest Du dabei einige Dinge beachten. Lade nur Bilder hoch, deren Rechte Du auch besitzt. Des Weiteren ist es wichtig, dass die Bilder nicht zu groß sind, da Bilder in hoher Auflösung auch länger brauchen, bis der Browser sie geladen hat.

Stell Dir vor, Du möchtest Dich über Akku-Rasenmäher informieren und klickst dazu auf meine Nischenseite. Genervt stellst Du fest, dass die Seite über sechs Sekunden braucht, um zu laden. Was glaubst Du, passiert mit einem Großteil der Besucher?

Richtig, sie springen ab. Sie müssen zu lange warten, um die gewünschten Informationen zu bekommen. Sechs Sekunden mögen lächerlich kurz wirken, allerdings ist das Internet extrem schnelllebig und die meisten Internetnutzer extrem ungeduldig. Somit ist die Ladezeit einer Webseite auch ein wichtiger Rankingfaktor. Benutze also Bilder, die eine relativ geringe Datengröße aufweisen und in ihrer Auflösung der Webseitenbreite angepasst sind. Die meisten Blogs besitzen eine Pixelbreite von etwa 900 Pixeln, wobei die eingebauten Bilder nochmals kleiner angezeigt werden.

Die genaue Breite kann ich Dir jedoch nicht verraten, da jedes Webseiten-Theme (also das Layout, das Du für Deine Webseite nutzt) völlig unterschiedlich aufgebaut sein kann.

Bildrechte beachten

Wie gerade angesprochen, kannst Du nicht jedes Bild ohne Genehmigung verwenden. Der Fotograf bzw. der Bildbesitzer hat die uneingeschränkten Nutzungsrechte für diese Datei. Es gibt allerdings mehrere Varianten, um dieses Problem zu lösen.

Zum einen kannst Du auf Seiten wie Fotolia.com für sehr günstiges Geld qualitativ gute Bilder kaufen. Für nur zwei bis drei Euro kannst Du Dir ein professionelles Bild downloaden, uneingeschränkt nutzen und für Deine Zwecke anpassen. Eine weitere Methode ist, nach lizenzfreien Bildern im Internet zu suchen oder Produktbilder aus Amazon zu nutzen. Die Produktverkäufer haben mit Amazon einen Kooperationsvertrag geschlossen, welcher unter anderem besagt, dass wir Affiliates alle Produktbilder uneingeschränkt nutzen können.

Somit kannst Du schon mal eine Vielzahl von Bildern aus Amazon beziehen und sie auf Deiner Webseite einbinden.

Videos einfügen

Neben Bildern kannst Du auch Videos auf Deinem Blog einbetten. Eine wundervolle und kostenlose Quelle dafür ist YouTube. Vor nicht allzu langer Zeit gab es eine Verhandlung des europäischen Gerichtshofs mit dem Beschluss, dass jeder Nutzer befugt ist, alle YouTube Videos frei zu nutzen und zu teilen. Videos sind also nicht nur lizenzfrei, sondern geben Deiner Seite auch einen professionelleren Look und bieten Besuchern, die sich eher ungern durch Texte wühlen, eine hervorragende Möglichkeit, an Deine Informationen zu gelangen. Ein Video kann somit den qualitativen Wert Deines Artikels steigern und Dich besser in den Suchmaschinen positionieren.

Impressum erstellen

Ein Impressum ist rein rechtlich absolute Pflicht in Deutschland. Wenn Deinen Webseiten ein Impressum fehlt oder es nicht ordnungsgemäß aufgerufen werden kann, dann liegt schneller eine Abmahnung im Briefkasten als gedacht.

Es gibt Anwaltskanzleien, die sich nur darauf spezialisiert haben, das Internet zu durchforsten und Webseiten ohne Impressum zu finden, um diese abzumahnen.

Es gibt eine sehr einfache Methode Impressen zu erstellen, ohne dafür einen Anwalt zu Rate zu ziehen und schlimmstenfalls noch Geld dafür ausgeben zu müssen: sogenannte Impressum-Generatoren, wie auf E-Recht24.de.

Dazu musst Du eine Vielzahl von Fragen mit einem Kreuzchen beantworten und erhältst am Ende ein auf Dich zugeschnittenes Impressum zum Abspeichern und als HTML-Text zum Kopieren in Deine Seite.

Natürlich ist es wesentlich sicherer, einen Anwalt einzuschalten und Dein Impressum von einer echten Person prüfen zu lassen, jedoch benutzt die große Mehrheit diese Lösung. Um auf Nummer sicher zu gehen, solltest Du in diesem Fall wenigstens am Ende des generierten Impressums auf die Quelle verweisen („erzeugt mit e-recht24.de").

Wenn Du kein Impressum auf Deinem Blog haben solltest, wirst Du bei einer Neuanmeldung im Amazon Partnerprogramm auch gar nicht zugelassen. Es ist also in jeglicher Hinsicht absolute Pflicht.

Unter folgendem Link findest Du eine Anleitung, wie Du auf E-Recht24.de Dein Impressum erstellst:

www.e-recht24.de/impressum-generator.html

Partnerprogramm anmelden

Um online Geld mit Affiliate Marketing verdienen zu können, musst Du Dich natürlich auch bei einem Partnerprogramm anmelden. Wie im Vorfeld angesprochen, beziehen wir uns hierbei auf das Amazon PartnerNet. Es gibt noch viele weitere Partnerprogramme wie Belboon, Affilinet, Digistore24, Zanox oder Clickbank. Jedes dieser Programme besitzt natürlich eigene Richtlinien sowie unterschiedliche prozentuale Vergütungen.

DIE ANMELDUNG

Die Registrierung ist recht simpel. Du musst lediglich Deine persönlichen Daten, Deine Webseite und Deine Kontodaten angeben. Deine Webseite hast Du bereits im Vorfeld aufgebaut, sodass Du diese nur angeben musst.

Die Kontodaten gibst Du an, damit Dir Amazon Deine Provisionen auch überweisen kann.

Ich bekomme öfter von Anfängern die Frage gestellt, wann die Einnahmen überwiesen werden. Amazon rechnet immer ab einem Mindestbetrag von 25 Euro ab. Wenn Du also im ersten Monat 15 Euro verdient hast, bekommst Du dieses nicht ausgezahlt.

Sobald Du allerdings die 25 Euro erreichst, wird Dir dieses Geld automatisch auf Dein Konto ausgeschüttet.

Unter folgendem Link findest Du wieder eine Schritt-für-Schritt-Anleitung, wie das PartnerNet funktioniert:

http://www.projektpassiveseinkommen.com/mit-amazon-geld-verdienen/

Deine Praxisaufgabe

1. Suche Dir alle nötigen Informationen für Deine Nischenseite zusammen

2. Schreibe Deinen ersten Artikel für Deine Startseite

3. Optimiere die Inhalte, indem Du Bilder/Videos einbindest und die Struktur verbesserst

4. Füge ein korrektes Impressum zu Deiner Seite hinzu

5. Melde Dich beim Amazon Partnerprogramm an

6. Füge die Affiliatelinks Deinen Inhalten hinzu

*Die praktischen Schritt-für-Schritt Anleitungen findest Du in den geteilten Links. Diese gehören zum Buch und dort findest Du Bider und Videos, die Dir den Weg weisen.

SEKTION 5: SUCHMASCHINENOPTI-MIERUNG

Was ist Suchmaschinenoptimierung (SEO)?

Suchmaschinenoptimierung ist der Treibstoff, welcher Deine Nischenseite auf die beste Platzierung in Google bringt. In diesem Artikel findest Du die ultimative Übersicht der Suchmaschinenoptimierungsgrundlagen für WordPress.

SEO steht für „Search Engine Optimization", also Suchmaschinenoptimierung. In anderen Worten kannst Du damit Deine Webseite für Suchmaschinen wie Google optimieren. Du kannst natürlich nur passiv Geld mit Deiner Nischenseite verdienen, <u>wenn</u> Du eine gute Positionierung hast, da nur auf diese Weise Besucher auf Deine Webseite finden.

OnPage SEO-Faktoren

Grundsätzlich gibt es viele Bausteine, um die Platzierung Deiner Webseite in Google zu verbessern. Allerdings ist es üblich, die SEO-Faktoren in zwei Kategorien zu unterteilen: OnPage und OffPage.

Bei der OnPage Optimierung handelt es sich um die Verbesserung all jener Dinge, die Du innerhalb Deiner Webseite hast. Das heißt, Deine Texte, Titel, Beschreibungen, interne Linkstruktur, Ladezeit, Bilder und Videos. Um Deine OnPage SEO-Faktoren zu verbessern, empfehle ich Dir, das Plugin „SEO by Yoast" zu installieren (worauf wir noch zu sprechen kommen). In diesem Artikel gehen wir überwiegend auf die OnPage-Faktoren ein.

OffPage SEO-Faktoren

Wie Du Dir wahrscheinlich denken kannst, geht es hierbei um die Faktoren, die außerhalb unserer Webseite relevant sind, wie beispielsweise Backlinks. Google erhöht nämlich die Autorität und Relevanz Deiner Webseite, wenn andere Webseiten Dich verlinken.

In der nächsten Sektion findest Du die ultimative Backlinkstrategie, um langfristig Besucher vollautomatisch durch eine sehr gute Google Platzierung auf Deine Nischenseite weiterzuleiten.

WordPress SEO-Plugin

Der einfachste Weg, um die Suchmaschinenoptimierung in WordPress zu verstehen und zu verbessern, ist die Installation des Plugins „SEO by Yoast".

Dieses Plugin ist der absolute Hammer! Durch ein Ampelsystem wird Dir farblich gezeigt, welche Änderungen Du noch vornehmen solltest, um Deine OnPage-Faktoren zu perfektionieren. Dadurch bekommst Du nicht das Problem, wichtige Faktoren zu vergessen.

Falls Du nicht wissen solltest, wie Du ein Plugin installierst, lies Dir einen der letzten Blogartikel der Schritt-für-Schritt-Anleitung zu WordPress durch. Hier ist der Link dafür:

http://www.projektpassiveseinkommen.com/wordpress-suchmaschinenoptimierung/

Durch dieses Ampelsystem wirst Du in Windeseile verstehen, worauf es bei der OnPage-Optimierung ankommt. Nach der Installation des Plugins findest Du das Ampelsystem unter jedem Artikel, jeder Seite, jedem Bild und jeder Datei. Wenn Du beispielsweise einen neuen Artikel verfasst, musst Du nur ganz nach unten scrollen und kommst zum Plugin. Im Folgenden möchte ich Dir die SEO Rankingfaktoren aufzeigen, die dafür verantwortlich sind, dass Deine OnPage-Optimierung so gut wird, dass Du das Potenzial hast, auf den ersten Platz in Google zu gelangen.

Titel optimieren

Der Titel ist mit Abstand einer der wichtigsten SEO-Faktoren, denn er erscheint nicht nur auf der Webseite an sich, sondern bei geeigneter Formulierung auch in den Google Suchergebnissen. Er sollte auf zwei Weisen attraktiv sein: Zum einen sollte er geschickt Deine Keywords aufnehmen und zum anderen inhaltlich vielversprechend sein. Beim Titel solltest Du versuchen, Dein Hauptkeyword möglichst an den Anfang zu stellen.

In den meisten Fällen bewährt sich ein Zusammenschluss aus Titel und Untertitel. Der Untertitel ist beschreibend, während der Titel kurz und prägnant das Thema aufzeigt. Ein bekanntes Beispiel von Autor Bodo Schäfer wäre:

Der Weg zur finanziellen Freiheit: Die erste Million in 7 Jahren

Der Titel beinhaltet das Keyword „finanzielle Freiheit" und der Untertitel ein konkretes Ziel des Buchs, nämlich der Verdienst von einer Million Euro in einem Zeitraum von sieben Jahren. Gleichzeitig drückt dies auch ein Versprechen aus, welches sehr attraktiv auf den Leser wirkt.

Beschreibung optimieren

Die Beschreibung der jeweiligen Seite erscheint im Gegensatz zum Titel nicht auf der Webseite, sondern nur in den Google Suchergebnissen. Sie steht unterhalb des Titels und bezieht sich auf die Inhalte der jeweiligen Seite. Es ist wichtig, dass Du innerhalb der Beschreibung möglichst viele solcher Suchbegriffe integrierst, für die Du den jeweiligen Artikel optimiert hast. Du solltest allerdings nicht den Fehler begehen, Keywörter zwanghaft einzufügen und somit die Lesbarkeit des Beschreibungstextes zu verunstalten. Es passiert schneller als ge-

dacht, dass die Sinnhaftigkeit durch extrem opti-
mierte Texte leidet.

URL optimieren

Dieser SEO-Faktor ist weniger wichtig als Titel und
Beschreibung, allerdings schadet es nicht, Dein
Keyword auch in die Webseitenadresse einzubau-
en. Eine Möglichkeit ist, Dein Hauptkeyword im
Domainnamen der Webseite zu verwenden. Bei-
spielsweise:

www.huehnerstallkaufen.de

In dieser Domainadresse stecken die Keywörter
"Hühnerstall" und "kaufen". Nun ist es so, dass
Suchbegriffe sowohl in ihren einzelnen Bestandtei-
len, als auch in ihrer Kombination ranken. Das bedeutet, dass meine Nischenseite mit den Keywords
"Hühnerstall", "Hühnerstall kaufen" und mit "kaufen" rankt.

Die Startseite einer meiner Nischenseiten heißt:
www.huehnerstallkaufen.de

Jede weitere Unterseite muss also anders benannt
werden als die Startseite. Genau hierbei können
wir unsere individuellen Seiten optimieren. Am En-

de jeder Unterseite wird nämlich ein sogenannter Permalink angefügt. Wenn es auf einer meiner Unterseiten über das Thema "artgerechte Hühnerhaltung" geht, dann nenne ich diese Unterseite so:

*www.huehnerstallkaufen.de/**artgerechte-huehnerhaltung***

Wie Du wahrscheinlich erkannt hast, benutze ich keine Umlaute in meiner URL. Das liegt daran, dass ich mich den internationalen Tastaturen anpasse und auf diesen keine Umlaute zu finden sind. Ich empfehle Dir deshalb, Umlaute einfach auszuschreiben. Google erkennt das ohne Probleme.

Überschriften optimieren

Neben dem Titel gibt es auch Überschriften, und man sollte diese beiden nicht miteinander verwechseln. Genauso wie dieses Buch einen Titel und mehrere Kapitelüberschriften besitzt, so verhält sich auch ein ausgebauter Artikel auf Deiner Nischenwebseite.

Auch in diese Überschriften solltest Du Deine Keywords einbetten, um Google zu signalisieren, worüber Deine Seite handelt. Beim Verfassen Deines

Artikels kannst Du sogenannte H1, H2, H3 oder H4 Überschriften verwenden. Das "H" steht für Headline, also Überschrift. Die Zahlen markieren die Relevanz der Überschriften. Dabei gilt: Je höher die Zahl, desto geringer ihr Rang.

In der Praxis besitzt jeder Titel eine Hauptüberschrift (H1). Die nachfolgenden Überschriften können Untertitel oder Zwischentitel (H2, H3 …) genannt werden.

Text optimieren

Auch der Inhalt einer Seite sollte optimiert werden. Hierfür gibt es einen sehr wichtigen Faktor – die Keyword-Dichte. Anfänger begehen häufig den Fehler, ihre Texte zu überoptimieren, sprich, mit der Keyword-Dichte zu übertreiben. Es gibt zwar keine offiziellen Angaben von Google, was als optimale Keyword-Dichte gilt, aber erfahrungsgemäß hat sich eine Dichte von 1-3% als sehr erfolgreich erwiesen.

Eine Keyword-Dichte von einem Prozent bedeutet in der Praxis, dass Dein Keyword einmal in hundert Wörtern vorkommt. Bei einem Text von tausend Wörtern solltest Du Dein Keyword mindestens zehn Mal nennen. Wenn Du allerdings bei tausend Wörtern hundert Mal Dein Keyword einstreust, sprechen wir von Überoptimierung. Damit erschaffst Du nicht nur einen schlechten Text, sondern gehst auch die Gefahr ein, von Google als negativ bewertet zu werden – im schlimmsten Fall als Spam.

Du kannst allerdings einen Trick anwenden. Du hast in den ersten Sektionen gelernt, dass der Google Keyword Planer bei der Eingabe eines Suchbegriffs mehrere Keyword-Varianten ausspuckt. Statt Dich also nur auf ein Keyword zu fokussieren, kannst Du Synonyme oder ähnliche Bezeichnungen verwenden und Google dadurch ein Schnippchen schlagen. Letzten Endes ranken Deine jeweiligen Seiten dann nicht nur für das Hauptkeyword, sondern auch für die ganzen anderen, welche Du zusätzlich eingebaut hast.

Mindestanzahl Wörter

Ein weiterer Rankingfaktor ist die Anzahl an Wörtern auf Deinen Seiten. Als grobe Faustregel in der SEO-Welt gilt ein Mindestumfang von etwa 300 Wörtern. Allerdings sehe ich die ganze Sache etwas anders.

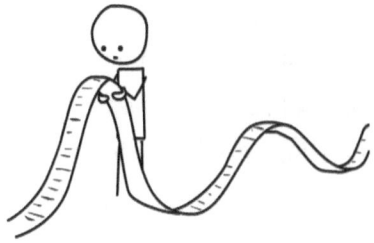

Meiner Meinung nach sind 300 Wörter viel zu wenig. Ich tendiere dazu, mindestens 600 Wörter anzustreben, wenn nicht 1000. Warum? Ganz einfach. Umso länger der Text, desto länger die durchschnittliche Besucherzeit und desto mehr Möglichkeiten, weitere Synonym-Keywörter in den Text einzubauen.

Bilder optimieren

Man mag es nicht glauben, aber Du kannst sogar Bilder suchmaschinenoptimieren. Auch ein Foto kann eine Textinformation beinhalten, welche nicht sichtbar im Hintergrund gespeichert ist.

Dadurch erkennt Google, worum es sich bei dem vorliegenden Bild handelt. Diese Textinformation nennt sich auch "Alt-Attribut". Sie lässt sich sehr leicht hinzufügen, indem Du in die Galerie in

WordPress gehst und Dein Keyword in der leeren Zeile der **Alt-Attribute** speicherst. Auch bei Bildern ist es sinnvoll, mehrere Suchbegriffe zu nutzen, um Deine Optimierung möglichst breit zu fächern und den Radius, in dem Du von Google erkannt wirst, zu erhöhen.

Mehr Infos zur Umsetzung findest Du hier:

http://www.projektpassiveseinkommen.com/word press-tutorial-deutsch

Externe Verlinkung

Ein weiterer SEO-Faktor sind externe, also ausgehende Links. In anderen Worten mag es Google, wenn Deine Artikel auch auf andere Quellen verweisen. Dabei ist nur zu beachten, dass Du nicht unbedingt zu direkten Konkurrenten verlinkst.

Vielmehr macht es Sinn, andere Webseiten aufzuzeigen, die zwar themenrelevante Informationen enthalten, allerdings nicht das Gleiche verkaufen wollen wie Du. Ein bekanntes Beispiel dafür ist Wikipedia. Achte darauf, dass Du nicht zu Seiten verlinkst, die Spams aufweisen.

Ansonsten wird Google denken, dass Du Dich mit Seiten dieser Art identifizierst und möglicherweise selbst ein Spammer bist.

Interne Verlinkung

Mit interner Verlinkung ist gemeint, dass Du Deine Inhalte untereinander verlinkst. Der Vorteil? Wenn eine dieser Seiten gut rankt, färbt das auf die anderen verlinkten Seiten über. Eine interne Verlinkung ist auch für Deine Besucher von Vorteil, da sie leichter von einem Artikel zum nächsten gelangen und Du sie damit länger auf Deiner Seite hältst, was möglicherweise zu mehr Käufen führt.

Wie lange dauert der Rankingprozess in Google?

Wie Du mittlerweile im Vorfeld mitbekommen hast, kannst Du keinen Blog von heute auf morgen auf den ersten Platz in Google katapultieren. Der Algorithmus von Google nimmt sich Zeit, Deine Webseite an die richtige Stelle zu setzen. Dieser Prozess kann mehrere Monate in Anspruch nehmen. Das mag zwar erst einmal ernüchternd klingen, doch nur so wird gewährleistet, dass Qualität und Nutzen an der Spitze stehen. So gesehen möchte Google nur das Beste für unsere Besucher.

Es gibt jedoch einen ungefähren Schätzwert, mit dem ich gute Erfahrungen gemacht habe. Dieser bezieht sich aber nur auf Nischenseiten mit relativ schwacher Konkurrenz und ist **nicht** auf breite Themen wie „Abnehmen" oder „Geld verdienen" bezogen.

Man geht in den meisten Fällen von etwa zwei Monaten aus, um eine Nischenwebseite in die ersten Top 10 Suchergebnisse zu befördern, und einen weiteren Monat, um auf Platz 1 zu landen.

Wir sprechen hier also von einem langfristigen Projekt. Viele Anfänger haben Schwierigkeiten, solch eine Wartezeit einzugehen, da die meisten Menschen am liebsten gleich Ergebnisse sehen wollen. Ich kann diese Denkweise völlig nachvollziehen, gerade weil zu Beginn noch keine Erfahrungswerte existieren und die Ungewissheit die Vorfreude trüben kann. Es gibt noch ein weiteres, sehr charakteristisches Ereignis beim Ranken Deiner Seite, welches viele Anfänger verwirrt. Wie schon erwähnt, versucht Google, Dich innerhalb der ersten drei Monate zu positionieren. Dabei kann es vorkommen, dass Deine Seite nicht kontinuierlich von Platzierung zu Platzierung aufsteigt, sondern vielmehr „springt", etwa von Platzierung 100 auf 45 und wieder zu 73 zurück. Für viele ist das eine emotionale Achterbahnfahrt.

Deine Praxisaufgabe

1. Suchmaschinenoptimiere Deine Texte, Titel, Beschreibungen und Bilder

2. Verlinke innerhalb und außerhalb Deines Blogs, um Deine Linkstruktur zu verbessern

*Die praktischen Schritt-für-Schritt Anleitungen findest Du in den geteilten Links. Diese gehören zum Buch und dort findest Du Bider und Videos, die Dir den Weg weisen.

SEKTION 6: ULTIMATIVE BACKLINK-STRATEGIE

Es gibt verschiedene Möglichkeiten Backlinks zu setzen, um Deiner Nischenseite langfristig mehr Autorität zu geben. In dieser Sektion werde ich Dir die wichtigsten zeigen. Dazu sollte gesagt sein, dass es wenige Backlink-Strategien gibt, die zeitlos sind. Google verändert im wiederkehrenden Rhythmus seinen Algorithmus und seine Richtlinien.

Deshalb werde ich versuchen, möglichst zeitlose und fundamentale Strategien vorzustellen und nicht auf brandneue Trends einzugehen.

Was sind Backlinks?

Ein Backlink ist nichts anderes als ein Link, welcher von einer anderen Webseite auf eine Deiner Seiten verlinkt. Jede Webseite verfügt über eine gewisse Menge Autorität. Komplett neue Webseiten besitzen natürlich keinerlei Autorität. Im Fachjargon nennt sich die Übertragung der Autorität von einer zur anderen Seite **Link Juice**.

Was ist Link Juice?

In der Welt der Suchmaschinenoptimierung ist Link Juice mit der Menge an Autorität einer Seite gleichzusetzen. Ins Deutsche übersetzt, bedeutet „Link Juice" Link-Saft. Stelle Dir also einen 1 Liter Tetrapack-Saft vor. Dieser Liter Saft ist mit der Autorität Deiner Webseite gleichzusetzen.

Wenn Webseite A nun einen Link zu Webseite B setzt, gibt Webseite A gleichermaßen etwas Link Juice an Webseite B ab. Stelle Dir also bildlich gesprochen vor, wie durch eine Verlinkung ein bisschen Saft von einer Packung in die andere fließt.

Wenn Du eine etablierte Webseite führst, besitzt diese eine größere Menge an Link Juice als ganz neue Webseiten. Je mehr Links also eine Seite bekommt, desto mächtiger wird sie. Wie lässt sich aber vermeiden, dass man durch eigene Verlinkungen zu anderen Seiten (wie bei Webseite A im Beispiel) Link Juice an diese verliert? Um diese Frage zu beantworten, müssen wir einen weiteren Rankingfaktor kennen lernen.

Unterschied von do-follow und no-follow Links

Dieser Rankingfaktor ist der Unterschied zwischen einem „do-follow" und einem „no-follow" Link. Wie die englische Bezeichnung schon andeutet, funktioniert ein no-follow Link wie ein Verbotsschild im Straßenverkehr.

Durch eine standardmäßige Verlinkung (do-follow) wird Autorität von einer zur anderen Seite abgegeben. Dementsprechend lässt eine no-follow Verlinkung KEINEN autoritären Zufluss einer Seite zur anderen zu. Somit verteilst Du Deinen Link Juice nicht an andere Seiten, sondern behältst auch Autorität bei Dir. Das ist wichtig für Dein Ranking.

Es ist wie mit Geld. Wenn Du ständig konsumierst (= do-follow Links setzt), dann hast Du am Ende keine Kohle mehr. Wenn Du allerdings nur einen kleinen Teil ausgibst und den Rest sparst, dann hast Du mehr Wirkungsgrad.

Gar keine do-follow Links zu setzen ist jedoch auch nicht empfehlenswert! Auch beim Geld ist es wichtig, die Wirtschaft anzukurbeln. Google liebt es, wenn Seiten miteinander verlinkt sind, da sie über diese Art „Spinnennetz" auch besser auffindbar werden.

Außerdem braucht Google feste Parameter, um eine Webseite als einflussreich einzuordnen. Wenn also eine Seite viele Backlinks bekommt, scheint diese interessante Inhalte zu besitzen. Umso einflussreichere Internetseiten auf Deine Inhalte verlinken, desto wertvoller schätzt Google Dich ein.

Würdest Du also drei do-follow Backlinks von CNN, Facebook und YouTube bekommen, wäre dies tausend Mal besser als hunderte Backlinks von unbekannten neuen Blogs. Natürlich ist es extrem schwierig, do-follow Backlinks von solchen Giganten zu bekommen. Das Beispiel soll allerdings das Prinzip verständlicher machen.

Was ist die beste Verteilung zwischen do-follow und no-follow Links?

Dies ist wieder ein Punkt, bei dem sich die Meinungen teilen. Ich führe Dir hier meine persönliche Vorgehensweise vor.

Innerhalb meiner Webseiten sind ALLE **internen** Verlinkungen auf do-follow gesetzt. Mit internen Verlinkungen meine ich, einen meiner Artikel mit einem anderen meiner Artikel auf meiner Webseite zu verlinken.

Innerhalb jedes Artikels setze ich mindestens einen **externen** Link auf do-follow. Somit zeige ich Google, dass ich etwas von meinem Link Juice an hilfreiche Quellen abgebe. Dabei ist zu beachten, dass Du, wie schon erwähnt, nicht zu direkten Mitbewerbern verlinkst, da Du Dir selbst damit schadest.

Stattdessen ist es eine sehr gute Taktik, zu Seiten zu verlinken, die themenrelevante Inhalte zu Deinen eigenen aufweisen, aber keine Konkurrenz im eigentlichen Sinne darstellen.

Dennoch fährst Du prozentual gesehen am besten, wenn Du mindestens 70% no-follow Links setzt. Zu viele do-follow Links von autoritären Seiten würde Google als unnatürlich empfinden und negativ bewerten, was wir vermeiden wollen.

Wie erkenne ich do- und no-follow Links?

Grundsätzlich sind alle bekannten Social Media Portale wie Facebook, Twitter, YouTube, Instagram und Pinterest immer no-follow. Da Millionen von Leuten täglich Links teilen, würde im Falle von do-follow eine immense Menge Autorität von diesen Portalen auf kleinere Webseiten übergehen. Dies wäre ein gewaltiger Nachteil für die Social Media Riesen. Allerdings besitzen auch sehr viele etablierte Blogs und Webseiten eine no-follow Funktion.

Um zu testen, ob eine Quelle no-follow oder do-follow Links bietet, kannst Du Dir ein kostenloses Add-On für Deinen Browser installieren.

Da sich die Add-Ons ständig verändern und neu geupdatet werden, werde ich Dir jetzt die Vorgehensweise erklären:

Suche in Google nach „Nofollow Addon" für Deinen Browser. Diese sind nämlich je nach Browser unterschiedlich. Wenn Du beispielsweise Google Chrome nutzt, solltest Du nach „Nofollow Addon Chrome" suchen.

Klicke auf das Suchergebnis und installiere das Add-On mit einem Klick. Danach ist das Add-On in Deiner Menüleiste Deines Browsers zu sehen. Jetzt kannst Du no-follow Links automatisch durch Markierungen sichtbar machen, indem Du diese Option in Deiner Menüleiste aktivierst.

Wenn Du Dich etwas besser mit dem Lesen von HTML-Codes auskennst, kannst Du Dich auch einfach in den Seitenquelltexten umsehen. Mit einem simplen Rechtsklick auf eine freie Fläche der ausgewählten Webseite findest Du beim erscheinenden Auswahlmenü die Funktion „Seitenquelltext". Damit öffnest Du die HTML-Codes und kannst sie durchsuchen.

Deine Freunde, dein Spiegel

Du bist das Äquivalent der fünf Menschen, mit denen Du Dich am öftesten umgibst. In dieser Weisheit steckt sehr viel Wahrheit. Menschen verbringen am liebsten Zeit mit Menschen auf ihrem Level. Es ist einfacher, sich mit Gleichgesinnten zu umgeben. Du verstehst, wovon die anderen sprechen, hast dadurch ähnliche Interessen und Verhaltensweisen und fühlst Dich eher einer Gemeinschaft zugeordnet.

Stelle Dir eine Wohnsiedlung vor. In den meisten Fällen leben ähnlich gesinnte Menschen in gleichen Wohnvierteln. In einem vermögenderen und gesitteten Viertel wirst Du eher selten sozial benachteiligte und ärmere Menschen finden.

Achtung, ich behaupte nicht, dass ärmere Menschen mit asozialen Verhaltensweisen gleichzusetzen sind. Dies ist nur ein Beispiel, um eine verständliche Aussage zu treffen. Ich habe selbst zwei Jahre am Existenzminimum gelebt und würde mich als gebildet und (fast immer) zuvorkommend bezeichnen.

Okay Oli, was haben diese Beispiele nun mit Nischenseiten zu tun?

Google sieht Verlinkungen zu anderen Seiten ähnlich. Wenn Du viele Backlinks von „schlechten Vierteln" bekommst, dann stuft Dich Google als schlecht ein. Wenn Du viele Links von „guten Vierteln" bekommst, dann gehörst Du zu den Guten. Deshalb ist es wichtig, **bewusst** Backlinks zu setzen und nicht einfach irgendwo im Internet zu streuen.

Vieles, was ich Dir hier erzähle, haben wir bereits in den vorigen Abschnitten angesprochen, doch gerade wegen der Relevanz für Deine Seite möchte ich diese Fakten immer und immer wieder betonen.

Unterschied zwischen guten und schlechten Backlinks

Als ich den zweiten Fehlschlag meines Nischenseitenaufbaus im Nachhinein reflektierte, wurde mir eines klar. *Backlink ist nicht gleich Backlink*. Es gibt hierbei mehrere wichtige Attribute zu beachten, welche ich Dir in diesem Kapitel einzeln im Detail vorstellen möchte. Als allererstes ist zu sagen, dass es verschiedene Backlink-Quellen gibt. Hier eine kurze Auflistung:

- Social Media
- Foren
- Blogkommentare
- Social Bookmarks
- Linktausch
- Gastbeiträge
- Backlinks kaufen
- Backlinks automatisieren

Natürlich gibt es noch wesentlich mehr Quellen, allerdings werde ich in diesem Buch nur auf die genannten Backlinkmethoden eingehen.

Viele Anfänger wollen schnelles Wachstum und Erfolg und gehen daher nicht bewusst mit dem Aufbau ihrer Backlinks vor. Sie versuchen so viele Backlinks wie möglich in kürzester Zeit zu gewinnen. Google beharrt allerdings auf ein stetiges, langfristiges Wachstum, da dieses natürlich ist.

Social Media Backlinks

Alle typischen Backlinks von Facebook, Twitter, YouTube, Instagram oder Snapchat sind grundlegend immer no-follow und werden Dir keinen Link Juice übertragen. Dadurch wird Deine Seite nicht in ihrem Pagerank steigen. Allerdings haben wir ja im Vorfeld gelernt, dass eine gute dofollow-nofollow Verteilung wichtig ist, und deshalb konzentrieren wir uns auch auf den Aufbau von Backlinks im Social Media Bereich.

Poste hilfreiche Artikel in möglichst themenrelevanten Gruppen. Meine Artikel von der Hühnerstallseite habe ich beispielsweise immer in Hobby-Hühnerhaltungs- und Landwirt-Gruppen gepostet.

Die thematische Relevanz ist wichtig, damit Deine Seite auch Likes bekommt und möglicherweise geteilt wird.

Dadurch bekommt Google den Eindruck, dass Deine Inhalte wertvoll sind, und wertet die Seite somit auf. Du kannst auch ein neues Facebook-Profil erstellen, damit Du Deinen Freunden und Bekannten mit Deinen Werbepostings nicht auf die Nerven gehst, wenn Du Facebook öfters als Werbeplattform benutzen willst.

Ich würde allerdings nicht vorschlagen, einfach irgendwelche Social Media Portale zu nutzen, bevor Du nicht eine Followerschaft ausfindig gemacht hast. Es macht für mich beispielsweise wenig Sinn, auf Twitter über Hühnerställe zu posten, da sich dort einfach zu wenig Menschen befinden, die sich zum Thema Hühner austauschen.

Auf Facebook gibt es im Gegenzug sehr viele Menschen. Instagram lohnt sich gar nicht, da Du dort nur einen einzigen Link in der Bio setzen kannst.

Prüfe also am besten erst alle Social Media Kanäle, um nicht unnötig viel Zeit und Energie zu vergeuden. Manche Nischen sind jedoch so speziell und einzigartig, dass es einfach nirgendwo irgendwelche Gruppen oder Follower gibt. Ich glaube kaum, dass es eine Facebookgruppe für Waschmaschinen gibt (ich hoffe es gibt keine, da ich jetzt nicht nachgeschaut habe).

Foren

Eine weitere Backlinkquelle sind Foren aller Art. Wo es im Social Media Bereich keine passenden Gruppen und Follower gibt, da könnten Foren diesen Bereich möglicherweise besser abdecken.

Haushalts- oder Handwerkerforen könnten beispielsweise das Problem mit der Waschmaschinennische wesentlich besser abdecken. Davon gibt es definitiv mehrere (ja, ich habe dieses Mal nachgesehen ☺).

Die meisten Anfänger werden schneller auf Foren rausgeschmissen, als sie Zeit für die Registrierung brauchen. Warum? Naja, ein Forum ist kein Ort, um primär Backlinks zu setzen. Unerfahrene Nischenmarketer melden sich an und werfen direkt in den ersten Posts mit Links um sich. Der richtige Ansatz verläuft jedoch etwas anders.

Zuerst meldest Du Dich in einem Forum an. Oftmals kannst Du auch in Deiner Bio bzw. Deinem

Profil schon einen offiziellen Link zu Deiner Webseite setzen. Danach solltest Du Dich zunächst auf ein paar kurze Antworten in verschiedenen Themenbeiträgen beschränken. Manche Themengebiete sind so allgemein, dass Du ohne jegliches Fachwissen einfach kommentieren kannst.

Kurze Statements ohne große Recherche sind das Ziel. In der ersten Woche schreibst Du etwa zehn Beiträge. In der zweiten Woche kannst Du Deinen ersten Link posten. Am besten hat sich bewährt, dass ich nicht direkt von mir spreche, sondern über den Blog einer anderen Person.

Beispielsweise: „Hallo Leute, was sagt ihr zu diesem Waschmaschinentest? Hat jemand von euch Erfahrung mit einer dieser Waschmaschinen gemacht?"

Foren sind zwar eine Methode, um ein paar Backlinks zu bekommen, jedoch würde ich mich nicht darauf stützen, sondern sie nur als Ergänzung nutzen.

Blogkommentare

Blogkommentare sind eine einfache Möglichkeit, um themenrelevante Backlinks zu bekommen. Diese Backlinkart ist sehr empfehlenswert und wird Deinem Linkprofil ein paar hochwertige Backlinks hinzufügen. Kommentarbacklinks besitzen zwar nicht die höchste Relevanz, können aber durchaus wichtig sein, um mit kleinen Nischenseiten ein paar Sprünge im Google Ranking zu machen.

Als erstes suchst Du Dir andere Blogs ähnlicher Themengebiete wie die Deiner Nische. Falls Du damit Schwierigkeiten haben solltest, dann vergrößere das Themenfeld so lange, bis Du genug Blogs gefunden hast. Du musst nicht unbedingt darauf beharren, nur Webseiten mit dem genau gleichen Inhalt zu finden. Wenn Du also zum Beispiel keinen Blog über Waschmaschinen findest, kannst Du auch einen Blog über Sanitäranlagen nehmen.

Versuche möglichst sinnvolle Kommentare zu schreiben. Nicht einfach: „Toller Artikel. Weiter so!" Viele Blogs lassen nämlich die Kommentare erst dann öffentlich erscheinen, wenn der Administrator der Seite diese genehmigt hat.

Wäre es nicht blöd, wenn Dir zwanzig Blogs zur Verfügung stehen und Du es Dir mit fünfzehn verscherzen würdest?

Heutzutage reagieren die Sensoren der Blogger besonders auf Leute, die nur an Backlinks interessiert sind und keinen Mehrwert oder positive Kommentare hinterlassen.

Social Bookmarks

Diese Backlinkart habe ich vor 2014 noch selbst genutzt. Heutzutage empfehle ich Social Bookmarks nicht mehr und verwende diese auch selbst nicht mehr. Diese Seiten listen verschiedene Artikel zu einer Vielzahl von Themen auf deren Plattform auf. Durch das Hochladen Deiner Thematik hast Du die Möglichkeit, innerhalb Deines Texts auch Backlinks auf Deine Seite zurückzuführen.

Viele Anfänger machen den Fehler, dass sie einfach bestehende Artikel hochladen. Somit erhöht sich allerdings das Risiko, dass Google diesen Inhalt als „Raubkopie" anerkennt. Wenn es ganz schlecht läuft und Du einen komplett frischen Artikel direkt oder sogar noch vor dem Veröffentlichen Deiner eigenen Nischenseite hochlädst, könnte sogar Deine eigene Seite Schaden abbekommen. Warum? Weil Google den Inhalt auf der Bookmarking Seite als erstes indexiert und Deinen als Kopie ansieht.

Des Weiteren sind Social Bookmarking Seiten meist voller Spams, da extrem viele Marketer und SEOs sie in den letzten Jahren genutzt haben. Dieser Fakt kann wiederum ein schlechtes Bild auf Deinen Blog werfen.

Linktausch

Linktausch ist wahrscheinlich einer der effektivsten Methoden, um qualitative Backlinks zu gewinnen. Der Nachteil ist, dass Du direkten Kontakt mit dem Besitzer des Blogs aufnehmen musst. Du bietest ihm die Möglichkeit, dass Du seine Seite verlinkst und er dadurch besser im Ranking der Suchmaschinen wird. Im Gegenzug setzt er oder sie auch einen Backlink zu Deiner Seite.

Versuche dabei immer darauf zu achten, dass die andere Person bestmöglich von ihrer Startseite auf Deine Startseite verlinkt. Dies wird in den wenigsten Fällen klappen, allerdings bezieht die Startseite auch am meisten Besucher und Link Juice.

Wenn die Startseite nicht funktioniert, dann versuche einfach einen Backlink von einer anderen relativ hilfreichen Seite zu beziehen. Im Folgenden zeige ich Dir eine Muster-E-Mail, welche Du auf Deine Zielgruppe abändern kannst:

Hallo Herr Braun,

auf Ihrer Rassenerhaltungs-Webseite haben Sie unter der Seite "Links" mehrere relevante Hühnerseiten aufgelistet.

Ich würde Ihnen gerne einen Linktausch vorschlagen. Dadurch sammeln wir beide einen weiteren Link und können unsere Besucher auf weitere qualitative Quellen aufmerksam machen.

Außerdem bekommen wir dadurch in Google eine bessere Position, da themenrelevante Seiten auf uns verlinken.

Ich würde mich freuen, wenn Sie mit mir einen Link-

tausch eingehen. Sagen Sie mir kurz Bescheid und ich setze Ihren Link direkt auf meine Seite.

Mehr Informationen zu meiner Webseite finden Sie hier: www.huehnerstallkaufen.de

Grüße

Oliver Lorenz

P.S. Wenn Sie statt einem Tausch Hilfe bei Grafikdesign oder Fotobearbeitung brauchen, dann kann ich Ihnen im Gegenzug zu einem Link auf Ihrer Seite aushelfen.

Wie Du gelesen hast, liegt der Fokus auf dem Mehrwert des Blogbetreibers. Wenn Du möglichst überzeugend wirken möchtest, dann solltest Du immer versuchen, die Vorteile für den anderen in den Vordergrund zu stellen.

ANCHORTEXTE DIVERSIFIZIEREN

Google updatet des Öfteren seinen Algorithmus und dies bedeutet meist eine Veränderung der Rankingfaktoren.

Eines der vergangenen Updates hat seeeehr vielen

Marketern massiv geschadet, da diese versucht haben, ihre Seite zu überoptimieren. Hierbei geht es um den Anchortext, oder anders, der Linktext.

Dabei haben die Betroffenen alle ihre Backlinks nur mit ihrem Hauptkeyword auf ihre Seite zurückführen lassen. Wenn sich Backlinks natürlich aufbauen, ist es offensichtlich, dass nicht immer der gleiche Linktext verwendet wird.

Nehmen wir als Praxisbeispiel das Hauptkeyword „Sauna kaufen". Wenn Du einen Backlink von unterschiedlichen Seiten auf Deine Seite verweist, dann kann der Link folgendermaßen aussehen:

www.saunakaufen.de

http://www.saunakaufen.de

http://saunakaufen.de

klicke hier

Sauna kaufen

Versuche also eine Mischung aus verschiedensten Anchortexten zu nutzen, damit auch der Backlinkaufbau diversifiziert ist. Bitte nimm Dir diese Aussage zu Herzen, da es sehr entscheidend für Deinen zukünftigen Erfolg sein wird!

Gastbeiträge

Der Ablauf dieser Backlinkstrategie ist sehr ähnlich zum Linktausch. Hier geht es darum, einen kompletten Artikel für einen anderen Blog zu schreiben. Aktive Blogbetreiber haben immer das Verlangen, gute Mehrwerte für ihre Leser zu veröffentlichen. Durch das Schreiben eines hilfreichen Beitrags nimmst Du dem Blogger etwas Arbeit ab und kannst als kleines Dankeschön einen Link innerhalb des Artikels auf Deine Seite verlinken.

Diese Strategie würde ich jedoch nur anwenden, wenn Du auf einen Blog triffst, der deutlich größer und autoritärer ist als Deiner, sodass ein simpler Linktausch ausgeschlossen ist.

Backlinks kaufen

Es gibt viele Onlineportale wie zum Beispiel fiverr.com, die Backlinks verkaufen. Das Problem dabei ist, dass eine Vielzahl dieser Anbieter schlechte Backlinks anbieten. Was meine ich damit?

1. Wenn Du wie hundert andere einen Backlink von ein und derselben Seite bekommst, dann ist dieser grundsätzlich weniger wert.

2. Des Weiteren ist noch viel wichtiger, dass das Thema des Backlinks auch passt. Normalerweise ist es extrem unwahrscheinlich, dass ein Betreiber einer Waschmaschinen-Webseite eine andere Seite über Kanarienvögel verlinkt. Vereinzelte Fälle sind natürlich möglich und stellen kein Risiko dar. Wenn derartige Backlinks jedoch einen hohen Anteil ausmachen, wird Google sehr schnell misstrauisch.

Manche Anbieter fügen Deine Webseite in eine automatisierte Software ein. Deren Aufgabe ist es, den Link Deiner Seite auf hunderten Archiven und

Seiten zu streuen. Dabei ist es egal, ob diese Seiten von Google als spamverdächtig gelten oder nicht. Du kannst Dir also vorstellen, welches Bild Google von Dir besitzt, wenn Du viele Spamlinks gesetzt hast. Richtig, Du gehörst zu den Spammern und bist lästig und ein Dorn im Auge.

Wie viele Backlinks soll ich setzen?

Dafür gibt es keine „Zauberformel". Ich kann Dir aber sagen, wie viele Backlinks ich und meine Online Marketing-Kollegen setzen.

Es sind circa 3-5 Links pro Woche. Wobei Du hier 1-2 do-follow Links setzen solltest und der Rest nofollow Links sind, um das Verhältnis aufrecht zu erhalten.

Deine Praxisaufgabe

1. Setze Deine Affiliatelinks auf Deiner Seite auf nofollow

2. Setze Backlinks von anderen themenrelevanten Seiten auf Deine Nischenseite

*Die praktischen Schritt-für-Schritt Anleitungen findest Du in den geteilten Links. Diese gehören zum Buch und dort findest Du Bider und Videos, die Dir den Weg weisen.

Weitere Einkommensströme & Diversifikation

Nischenseiten sind eine wunderbare Art, ein stabiles Nebeneinkommen aufzubauen. Es ist natürlich möglich, auch vierstellige Einnahmen zu generieren. Ich würde Nischenseiten vor allem verwenden, um nebenbei einen dreistelligen Cashflow aufzubauen.

Wenn Du wie ich zu den Leuten gehörst, die Online Marketing irgendwann zu ihrem Haupteinkommen aufbauen wollen, dann solltest Du sehr penibel darauf achten, Deine Einkommensströme zu diversifizieren. Dadurch bekommst Du unter anderem eine höhere Sicherheit, falls mal eine Einkommensquelle aus unerwarteten Gründen ausfallen sollte.

Es ist ein hohes Risiko, von nur einer einzigen Einkommensquelle abhängig zu sein.

Konzentriere Dich auf eine Methode (Nischenseite, Ebooks, physische Bücher, digitale Infoprodukte, Affiliate Marketing) und baue diese erst mal so groß auf, dass Deine Fixkosten gedeckt sind. Danach kannst Du weitere Schritte einleiten.

Ich habe anfangs den Fehler gemacht, zu schnell zwischen mehreren Einkommensquellen zu wechseln und nicht standhaft zu bleiben.

Wenn Du nach mehr Inspirationen auf täglicher Basis zum Thema Online Marketing interessiert bist, dann checke unterhalb meine Social Media Kanäle aus ☺

Dein Oli

Wie Du Deinen ersten Euro innerhalb kürzester Zeit verdienst

Wenn Du mein Buch gut findest, kannst Du einfach auf das Partnerprogramm von Amazon gehen und einen Affiliatelink für dieses Buch erstellen.

Schicke und empfehle diesen Link Deinen Freunden. Schreibe gerne dazu, dass es sich um einen Affiliatelink handelt und dass Du das Prinzip mal in der Praxis erproben willst. Transparenz ist sehr wichtig, wie ich schon am Anfang im Buch erwähnt habe.

Unter folgendem Link gelangst Du direkt zum Amazon PartnerNet:

www.partnernet.amazon.de

Gib diesem Buch eine ehrliche Bewertung

Falls Du dieses Buch genossen hast und etwas daraus lernen konntest, wäre ich Dir unendlich dankbar, wenn Du mir eine Rezension auf Amazon schreibst. Damit kannst Du mir helfen, mein Buch besser zu positionieren, damit ich mehr Leute mit meiner Botschaft erreichen kann!

Unter folgendem Link kannst Du direkt zum Buch gelangen:

www.amazon.de/Freiheit-Durch-Passives-Einkommen-Blog-Systemen/dp/1523681322/

Danksagung

Anfangs wollte ich alles alleine durchziehen, weil ich dachte, es am besten zu können. Mittlerweile weiß ich aus Erfahrung, dass Delegieren eine der wichtigsten Aufgaben eines Unternehmers ist.

Da mir vor allem bei diesem Buch einige talentierte Menschen geholfen haben, möchte ich einen kurzen Dank aussprechen.

Als erstes danke ich meinen Eltern und meiner Schwester, da diese mich mein ganzes Leben lang unterstützt haben.

Ich danke Jennifer Kastner und Philipp Schwigon, die sich die Mühe gemacht haben, mein Buch zu lektorieren. Ich weiß, dass ich nicht der Beste in Rechtschreibung bin. Dafür ein großes Lob, diesen Kampf beschreitet zu haben :D

Philipps Webseite: www.stepster.de

Jennys Webseite:
https://ebooklektor.wordpress.com/

Des Weiteren spreche ich einen großen Dank an David Klein aus. Dieser kreative Wunderkopf steckt hinter dem Design des Covers und hat zusammen mit mir einige Tage verbracht, in denen er meinen perfektionistischen Zügen standhalten musste. Allein für das Cover hat David 10 verschiedene Versionen gezaubert, bis wir bei diesem wunderbaren Endergebnis angelangt sind.

Davids Webseite: www.graphixffm.de

Um das Cover designen zu können, muss natürlich ein gutes Foto her!

Dafür danke ich Johannes Krenzer und Patrick Zazada, die ihr fotografisches Auge unter Beweis gestellt haben.

Johannes' Webseite: www.johanneskrenzer.de

Patricks Webseite: www.architekturfotografie-frankfurt.com

Dann danke Mike Kübrich und Sebastian Rehrl für ihr Wissen im Bereich der Bucherstellung. Beide sind Fachmänner und haben schon zahlreiche Ebooks und physische Bücher auf den Markt gebracht.

Mikes YouTube: https://goo.gl/G3G7iV

Sebastians YouTube: https://goo.gl/MnZ1OQ

Außerdem danke ich Gerald Hörhan für das Testimonial und Vorwort sowie Kris Stelljes.

Geralds Webseite: www.investmentpunk.academy

Kris' Webseite: www.krisstelljes.de

Über den Autor

In den unten aufgeführten Links findest Du mehrere Möglichkeiten, mich zu erreichen oder weitere kostenlose Mehrwerte zu finden.

► **Dreiteilige kostenlose Videoserie zum Nischenseitenaufbau:**

www.projektpassiveseinkommen.com/videoserie-buch

► **Meine Webseite:**

www.projektpassiveseinkommen.com

► **Facebook Community Gruppe:**

www.facebook.com/groups/ppecommunity/

► **YouTube Kanal PPE TV:**

www.youtube.com/c/PPETVProjektPassivesEinkommen

Impressum

Oliver Lorenz

Gartenstraße 13

64342 Seeheim-Jugenheim

Inhaltlich verantwortlich gemäß § 6 MDStV: Oliver Lorenz

ISBN-10: 1523681327
ISBN-13: 978-1523681327

Haftungsausschluss

Dieses Buch enthält Meinungen und Ideen des Autors und hat die Absicht, Menschen hilfreiches und informatives Wissen zu vermitteln. Die enthaltenen Strategien passen möglicherweise nicht zu jedem Leser, und es gibt keine Garantie dafür, dass sie auch wirklich bei jedem funktionieren. Die Benutzung dieses Buchs und die Umsetzung der darin enthaltenden Informationen erfolgt ausdrücklich auf eigenes Risiko.

Der Autor kann für etwaige Schäden jeder Art aus keinem Rechtsgrund eine Haftung übernehmen. Haftungsansprüche gegen den Autor für Schäden materieller oder ideeller Art, die durch die Nutzung oder Nichtnutzung der Informationen bzw. durch die Nutzung fehlerhafter und/oder unvollständiger Informationen verursacht wurden, sind grundsätzlich ausgeschlossen. Das Werk inklusive aller Inhalte gewährt für Aktualität, Korrektheit, Vollständigkeit und Qualität der bereitgestellten Informationen. Druckfehler und Fehlinformationen können nicht vollständig ausgeschlossen werden. Es kann keine juristische Verantwortung sowie Haftung in irgendeiner Form für fehlerhafte Angaben und daraus entstandenen Folgen vom Autor übernommen werden.